Ingeborg Walter
Roberto Zapperi

Das Bildnis der Geliebten

Ingeborg Walter
Roberto Zapperi

Das Bildnis der Geliebten

Geschichten der Liebe von Petrarca bis Tizian

Verlag C.H.Beck

Mit 18 Abbildungen, davon 9 in Farbe

Für die deutsche Ausgabe:

Satz: Fotosatz Amann, Aichstetten
Druck und Bindung: Ebner & Spiegel, Ulm
Gedruckt auf säurefreiem, alterungsbeständigem Papier
(hergestellt aus chlorfrei gebleichtem Zellstoff)
Printed in Germany
ISBN 978 3 406 55502 2

www.beck.de

Inhalt

Vorbemerkung

Diesem Buch liegt eine Idee von Ingeborg Walter zugrunde, die von den beiden Autoren zusammen eingehend diskutiert wurde. Ingeborg Walter hat die ersten vier Kapitel ausgearbeitet und geschrieben, Roberto Zapperi die übrigen fünf. Diese wurden von Ingeborg Walter aus dem Italienischen ins Deutsche übersetzt.

Die Auswahl der in diesem Buch versammelten Liebesgeschichten ist keine zufällige. Der rote Faden, der sie durchzieht, ist die Wiederentdeckung der Liebe durch Petrarca und die Entstehung eines Rituals, das der Liebe in der Renaissance eine gesellschaftliche Form gab. Das Buch handelt von diesem Ritual, von seiner Theoretisierung durch Petrarca und der ersten Realisierung durch Lorenzo de' Medici bis hin zu seinem Ende durch die von der Gegenreformation ausgeübte Repression. Das Bildnis der Geliebten stand im Mittelpunkt dieses Rituals.

Petrarcas Laura 1

Zwei junge Stutzer von etwa neunzehn und zweiundzwanzig Jahren drängten sich jeden Tag durch das Gewimmel der Stadt Avignon in der Hoffnung, gebührendes Aufsehen, besonders bei der Damenwelt zu erregen. Die Brüder Francesco und Gherardo kleideten sich mit ausgesuchter Eleganz, sorgten sich, daß der Faltenwurf ihres Gewandes nicht in Unordnung geriet oder ein aufkommendes Windchen ihre Frisur zerzauste. So sehr waren sie auf ihre Haartracht bedacht, daß sie sich zuweilen mit dem Brenneisen, das die widerspenstigen Haare in die richtige Form bringen sollte, die Stirn verbrannten, womit sich das Flanieren für den nächsten Tag verbot. Gern ertrugen sie auch die Qualen, die ihnen ihre viel zu engen, modischen Schuhe bereiteten. Auf ihren Spaziergängen durch die Stadt wichen sie ängstlich allen Zug- oder Reittieren aus, damit der Kot und der Schlamm in den ungepflasterten Straßen ihre parfümierten Kleider nicht bespritzten oder diese bei unvorhergesehenen Zusammenstößen aus der Façon gerieten. Sie sprachen geziert und schrieben leidenschaftliche Verse an die beiden Damen, die sie sich ganz nach höfisch provenzalischer Dichtermanier zur Herrin erkoren hatten – weniger der Liebe wegen, sondern um Beifall für ihre Gedichte zu erhaschen. Wollen wir Francescos eigenen Angaben glauben, so begegnete er seiner Herzensdame zum ersten Mal zu früher Morgenstunde am 6. April 1327 (vielleicht war es auch 1328) in der Kirche der hl. Klara zu Avignon. Es war ein Karfreitag.

Francesco und Gherardo waren keine Einheimischen, sondern Italiener wie so viele in der Stadt, die den aus Rom vertriebenen Päpsten in der Hoffnung auf Arbeit und Verdienst in die Provence gefolgt waren. Sie waren auch im fremden Land Italiener geblieben, ihre Sprache war italienisch oder besser toskanisch, obwohl sie sicher auch das lokale Idiom, das Provenzalische, sprachen und verstanden. Ihr vor kurzem verstorbener Vater Petracco, ein Notar, war Bürger von Florenz gewesen und zugleich mit seinem großen Mitbürger Dante bei den Kämpfen zwischen den verfeindeten guelfischen Parteien der «Weißen» und «Schwarzen» 1302 als Anhänger der «Weißen» aus der Stadt verbannt worden. Nach Aufenthalten in verschiedenen italienischen Städten – Francesco war 1304 in Arezzo auf die Welt gekommen – hatte Ser Petracco 1312 schließlich den Entschluß gefaßt, nach Avignon überzusiedeln, und war dort, in der aufblühenden Stadt des päpstlichen Hofes, der seit einigen Jahren hier residierte, zu Wohlstand gelangt. Seine beiden Söhne, deren geliebte Mutter schon 1318 verstorben war, hatte er nach ersten Studien im nahen Carpentras und dann in Montpellier zum Studium der Rechte an die Universität Bologna geschickt. Dort sollten sie die nötigen Kenntnisse für eine juristische Laufbahn erwerben, wie er sie sich für sie erwünschte. In Bologna erreichte die Brüder 1326 die Nachricht, daß ihr Vater in Avignon gestorben war. Ser Petracco hinterließ seinen Söhnen ein ansehnliches Vermögen, das die beiden jungen Leute jedoch sehr schnell verjubelten. Doch kann zu ihrer Entschuldigung angeführt werden, daß der Schwund des Erbes nicht nur die Folge ihres Leichtsinns war. Unerfahrenheit und die Untreue einiger Diener scheinen zu ihren finanziellen Schwierigkeiten nicht wenig beigetragen zu haben.

Mehr als zwanzig Jahre später, im Jahr 1349, erinnerte Francesco, der inzwischen das Patronym Petracco latinisiert und in das wohlklingendere Petrarca verwandelt hatte, in einem langen Brief seinen jüngeren Bruder an die Torheiten ihrer Jugend. Vieles hatte sich inzwischen geändert. Gherardo hatte 1343 der Welt Lebewohl gesagt und war als Mönch in das Kartäuserkloster in Montrieux eingetreten. Francesco war ebenfalls nicht in die Fußstapfen seines Vaters getreten – die Juristerei war ihm verhaßt – und hatte sich schon 1330 in Avignon in den Dienst des römischen Kardinals Giovanni Colonna begeben. Dieser war ein Bruder seines Bologneser Studienfreundes Giacomo Colonna, der inzwischen als Bischof von Lombez ebenfalls ein hohes Kirchenamt bekleidete. Früher schon als Gherardo hatte sich also auch Francesco für ein geistliches Leben entschieden, aber nicht wie jener aus tiefer innerer Überzeugung, sondern weil ihm ein Leben im Dienst der Kirche das sichere Auskommen versprach, um seiner wahren Berufung als Gelehrter und Dichter nachgehen zu können. Er erhielt die Tonsur, aber es ist ungewiß, ob er je auch nur die niederen geistlichen Weihen empfing. Kirchliche Pfründen erlangte er bald, wenn er auch auf eine bedeutendere Karriere in der Kirche verzichtete. Ein Bischofsamt, das ihm später angetragen wurde, schlug er aus.

Im erwähnten Brief an den Bruder erscheint die Erfahrung der jugendlichen Liebe in ein negatives, düsteres Licht getaucht. «Wie viele Seufzer, Klagen und Tränen haben wir in den Wind verstreut ... Was haben unsere leeren, eitlen Liedchen voll des schändlichen und falschen Frauenlobs und unverhehlter, schamloser Wollust mit (eurem) Gotteslob zu tun?» Gott habe ihnen eine Gnade erwiesen, als er ihre Geliebten in der Blüte ihrer Jahre dahinraffte. Wenn der Tod den Frauen, wie er hoffe, nützlich, so sei er für sie selbst eine Notwendigkeit gewesen, um sich aus solchen sündigen Verstrickungen lösen zu können. Auch in dem im Alter verfaßten «Brief an die Nachwelt» erinnerte Petrarca, zwar mit mehr Abstand, aber unter ebenso negativem Vorzeichen, an die ferne Liebe: «In der Jugend quälte mich eine ungemein leidenschaftliche, aber einzige und ehrbare Liebe, und ich wäre noch länger von ihr gequält worden, hätte nicht ein früher, aber im rechten Augenblick erfolgter Tod jenes schon lauer brennende Feuer völlig gelöscht.» Zugleich bekannte der Dichter, daß er in der Jugend auch einer anderen Art von Liebe verfallen gewesen sei: «Ich könnte sagen, und das täte ich gerne, daß ich ohne Wollust (*libido*) gewesen sei, aber dann würde ich lügen.» Zu seiner Entschuldigung könne er nur vorbringen, daß er innerlich diese «Niedrigkeit» stets verdammt habe, obwohl ihn das Feuer der Jugend und sein Temperament dazu verführt hätten. Aber im Alter von etwa vierzig Jahren habe er, obwohl noch in voller Manneskraft, nicht nur den «obszönen Akt», sondern selbst die Erinnerung daran von sich entfernt und sozusagen keine Frau mehr angeblickt, was er für eines der glücklichsten Dinge in seinem Leben halte.

Es handelte sich bei dieser «Wollust», das liegt auf der Hand, um eine andere Art von Liebe als jene, welche sich in den jugendlichen Versen ausgedrückt hatte. Das Wort zielt unmißverständlich auf die Sexualität, die nach kirchlicher Lehre einzig in der Ehe erlaubt war, und auch hier nur, um Kinder zu zeugen. Petrarca aber war Kleriker, weshalb ihm diese Möglichkeit verschlossen war. Aber er hatte dennoch als junger Mann sexuell mit Frauen verkehrt, wie die Geburt zweier illegitimer Kinder bezeugt: 1336 wurde ihm ein Sohn mit dem Namen Giovanni geboren, die Tochter Francesca kam 1343 auf die Welt. Wer ihre Mütter waren, ist nicht bekannt. Die Existenz seiner Kinder war den Zeitgenossen kein Geheimnis, denn er kümmerte sich liebevoll um sie und verbrachte seine letzten Lebensjahre in häuslicher Gemeinschaft mit Francesca, deren Heirat er selbst arrangiert hatte. Es paßte demnach gut ins Konzept einer Selbstdarstellung, die für die Nachwelt bestimmt war, daß er aller fleischlichen Gelüste nach der Geburt seines letzten Kindes, d. h. als er etwa vierzig Jahre alt war, entsagt haben wollte.

Eines aber ist klar: Petrarca gestand im Rückblick auf sein Leben, zwei Formen der Liebe gekannt zu haben: jene, die er mit dem Wort *libido* bezeichnete und die den sexuellen Verkehr meinte, wie auch die ehrbare, reine, die sein ganzes Wesen erfüllt hatte, obgleich auch sie, wie er zugab, nicht ganz frei von sündiger Begierde gewesen war. Diese verzehrende Leidenschaft hatte ihn indes auch zum Schreiben von Versen veranlaßt, so daß sich die Liebe und die Dichtung auf diese Weise unauflöslich verbanden.

Im Brief an den Bruder merkte Petrarca an, daß er diesen in einem für einen Mönch angemessenen Stil geschrieben habe, was den ausgesprochen büßerischen Ton zum Teil erklären mag. Aber die Klage darüber, daß Gott Gherardo durch den Eintritt in den Orden von seinen Liebesfesseln befreit habe, während er selbst, obwohl ebenfalls durch den Tod der Geliebten von solchen Banden gelöst, «die alten Gewohnheiten» immer noch nicht überwunden habe, erscheint nicht sehr glaubwürdig. Die «alten Gewohnheiten» bezogen sich auf seine poetischen Ambitionen, die er auch nach dem Tod der Geliebten nicht aufgegeben hatte. Ganz im Gegenteil hatte er mit den Jahren seinen mit so abträglichen Worten beschriebenen Liebesgedichten viele neue hinzugefügt, andere überarbeitet und begann sich mit dem Gedanken zu tragen, sie alle in einer großen Sammlung zu vereinen, eine Arbeit, die ihn bis ans Lebensende begleiten sollte. Mit den 366 Gedichten der endgültigen, erst im Alter vollendeten Fassung setzte Petrarca in den *Rerum Vulgarium Fragmenta* – den «verstreuten Versen» in italienischer Sprache –, wie er selbst seinen *Canzoniere* betitelte, der Liebe zu seiner einzigen, wahren Geliebten ein unvergängliches Denkmal und stilisierte darin zugleich sein eigenes, von der Liebe und der Poesie geprägte Leben als eine Geschichte von jugendlicher Verirrung und später Reue. Der Zyklus beginnt im ersten Sonett mit der Einsicht, daß alles, was der Welt gefällt, nur ein kurzer Traum sei und er sich nur noch über seine jugendliche Liebestollheit und die daraus entsprungenen Verse schämen könne, und endet konsequent mit der Anrufung der Gottesmutter, die dem Reuigen den Weg zum ewigen Heil ebnen soll (Tafel 1).

Während Gherardos Geliebte ein Schatten bleibt, besagt eine lange Tradition, daß Petrarca seine Gedichte für eine Dame namens Laura schrieb. Aber wer war diese Laura? Ihren Tod meldet ein Eintrag von Petrarcas eigener Hand in einer Handschrift mit den Werken von Vergil und dem Kommentar des Servius, die ihm besonders teuer war, weil noch sein Vater sie für ihn erworben hatte. Es ist ein ergreifender Nachruf auf die Geliebte, die, wie es hier heißt, am 6. April 1348 in Avignon verstorben und dort noch am gleichen Tag in der Kirche der Minoriten beigesetzt worden war. Petrarca befand sich damals in Italien. Die Nachricht, fährt der Dichter fort, habe ihn deshalb erst am 19. Mai durch den Brief eines Freundes in Parma erreicht. In diesem Text unterrichtet uns Petrarca auch, daß er «Laurea», wie er sie hier nennt, zum ersten Mal am frühen Morgen des 6. April 1328 in der Kirche der hl. Klara in Avignon erblickt habe. Petrarca schrieb den lateinischen Text des Nekrologs auf das leere Umschlagblatt der Handschrift, und zwar auf dessen Rückseite gegenüber dem Titelblatt. Hier falle sein Auge oft auf diese Zeilen, erklärte er, und sie würden ihn an die Flüchtigkeit der Zeit erinnern. Zugleich sollten sie ihn auch ermahnen, daß er sich, nun da die stärkste Fessel zerrissen sei, in diesem Leben keiner Lust mehr hingeben dürfe und es Zeit sei, aus «Babylon» (Avignon) zu fliehen.

Auf der Vorderseite des gleichen Blattes trug er den Tod anderer ihm nahestehender Personen ein, so daß der Nekrolog ganz den Anstrich von historischer Glaubwürdigkeit erhält. Aber schon die Übereinstimmung des Todestages – der 6. April – mit dem Tag der ersten Begegnung und die runde Zahl von zwanzig Jahren, die angeblich zwischen diesen beiden Ereignissen lag, lassen Zweifel an der Wahrhaftigkeit der Angaben aufkommen. Des Augenblicks der ersten Begegnung wird auch im *Canzoniere* gedacht. So wird etwa in einem Sonett nach einem beliebten Topos der provenzalischen und altitalienschen Lyrik freudig «der Tag, der Monat und das Jahr» gepriesen, an dem «zwei schöne Augen» den Dichter fesselten (*Canzoniere,* Nr. 61). Doch enthält die Sammlung auch genauere chronologische Angaben: «Dreizehnhundertsiebenundzwanzig, in der ersten Stunde genau am 6. April», klagt der Dichter, habe er das Labyrinth betreten, aus dem er nicht mehr herauszufinden wisse (*Canzoniere,* Nr. 211). Am gleichen Tag und zur gleichen Stunde des Jahres 1348, heißt es in einem weiteren Sonett (*Canzoniere,* Nr. 336), habe die Seele der Geliebten den Körper verlassen. Nach einem der ersten Sonette der Sammlung (*Canzoniere,* Nr. 3) fand die erste Begegnung an einem Karfreitag statt, umschrieben als der Tag, da die «Sonnenstrahlen aus Mitleid mit ihrem Schöpfer verblichen». Am Karfreitag, zur ersten Stunde des 6. April 1327 – nicht 1328, wie es im Nekrolog heißt –, sah Petrarca also nach dem Zeugnis seiner Gedichte zum ersten Mal die Geliebte, genau einundzwanzig Jahre später am gleichen Tag und zur gleichen Stunde starb sie. Zwischen diesen beiden Daten, zwischen Lauras erster Erscheinung und ihrem Tod, ist Petrarcas Liebesgeschichte angesiedelt. Aber es handelt sich um eine fiktive Chronologie: Der Karfreitag fiel weder im Jahre 1328 noch 1327 auf den 6. April. Schon dies erweist die Liebesgeschichte als poetisches Konstrukt, das eigenen zeitlichen Gesetzen folgt. Weder

der angeblich so objektive Nekrolog noch die Angaben der Gedichte sind historisch glaubwürdig.

In der Tat wissen wir von Laura nur das, was Petrarca selbst über sie sagt, kein anderes Dokument der Zeit erwähnt sie. Aber auch der Dichter gibt nur sehr vage Beschreibungen, und bei diesen handelt es sich meist nur um alte Formeln der Liebeslyrik. Laura ist von engelhafter Schönheit, hat blondes Haar, schöne schwarze Augen, zarte weiße Hände, lange Finger, eine jugendliche Brust, trägt ein grünes Kleid und Perlen in den Haaren – Attribute, wie sie nichtssagender nicht sein könnten. Im *Canzoniere* ist von flüchtigen Begegnungen die Rede, Blicke werden getauscht; aber die Dame ist spröde und versagt sich, nur manchmal errötet sie und lächelt zurück. Ein Hinweis in einer anderen Schrift Petrarcas könnte suggerieren, daß sie verheiratet war und Kinder hatte – aber hinter den Floskeln läßt sich keine reale Person erkennen. Petrarcas Geliebte bleibt ein Schemen, das pure Objekt einer Leidenschaft, die dem Dichter Freude und Qual zugleich ist und ihn zu seiner Dichtung inspiriert.

Auch ihr Name bleibt vage. Erst spätere Generationen haben Petrarcas Geliebte kurz und bündig «Laura» genannt. Nach den Regeln der höfischen Liebeslyrik mußte der Name der Geliebten geheim bleiben, und an diese Konvention hat sich auch Petrarca gehalten. Schon in einem der ersten Gedichte des *Canzoniere* (Nr. 5) zerlegt er den Namen in Silben, die, über mehrere Zeilen verteilt, nicht Laura, sondern «Laureta» ergeben. Dies, so heißt es hier in Anlehnung an einen verbreiteten Topos, sei der Name, den Amor ihm ins Herz geschrieben habe. Die Geliebte wird gerne auch als der Hauch – *l' aura* – bezeichnet, der ihn umschwebt. Das Bild aber, hinter dem Petrarca sie besonders gern verbarg, war der Lorbeerbaum – *lauro* –, der gleich zweierlei Bedeutungen implizierte: Er spielte auf den antiken Mythos der keuschen Daphne an, die sich dem Liebeswerben des Gottes Apollo durch die Verwandlung in einen Lorbeer entzog, und zugleich auf den Lorbeerkranz des Dichters, den Petrarca 1341 in einer feierlichen Zeremonie auf dem römischen Kapitol entgegennehmen konnte. Auf ebendiese Dichterkrönung nach antiker Manier – *laureatio* – spielte sicher auch die im Nekrolog und anderen lateinischen Dichtungen benutzte Namensform «Laurea» an. Die Liebe und die Dichtung verbanden sich so im Namen der Geliebten zu einer festen Einheit. War Laureta / Laurea / Laura also nichts anderes als eine Allegorie für den von Petrarca so leidenschaftlich erstrebten Ruhm?

Giovanni Boccaccio war jedenfalls fest davon überzeugt. «Ich glaube, daß diese Laureta allegorisch für den Lorbeerkranz steht, den er dann erhielt», schrieb er in seiner kurzen, noch zu Lebzeiten des Dichters um 1348/49 verfaßten Biographie Petrarcas. Boccaccio war selbst Literat und durchschaute leicht die Welt der Fiktionen. Zweifel an der Existenz Lauras hatte zuvor auch schon der Freund Giacomo Colonna angemeldet. Der Bischof hatte Petrarca um 1336 in einem nicht erhaltenen Brief in scherzhaftem Ton vorgeworfen, ihm Märchen aufzutischen, was dieser jedoch heftig abstritt. Etwas pikiert schrieb er dem Freund zurück: «Ich soll Deiner Meinung nach den schönen Namen der Laurea (sic!) erfunden haben, um von ihr sprechen zu können ... und damit viele von mir sprechen, während es in Wirklichkeit keine Laurea in meinem Herzen gebe, sondern vielleicht nur den Lorbeer des Poeten.» Auch Giacomo Colonna hatte also unschwer einen Zusammenhang zwischen dem Namen der Geliebten und dem Dichterlorbeer gesehen, und dies schien ihm verdächtig. Petrarca gestand in seinem Antwortbrief zwar ein, daß er nach diesem Lorbeer strebe, wies aber doch sehr unmutig den Vorwurf zurück, daß diese «lebendige» Laurea erfunden, «die Verse fingiert, die Seufzer simuliert» seien. Er wollte seine Liebesgeschichte unbedingt als Realität ausgeben; die Fiktion sollte ebenso wirklich erscheinen wie das Leben selbst. Aber die beiden Zeitgenossen und Freunde Petrarcas hatten zweifellos den Finger auf eine wunde Stelle gelegt.

Nach der Rückkehr von seiner ersten Reise nach Rom, zu der ihn Ende 1336 Giacomo Colonna eingeladen hatte, erwarb Petrarca noch 1337 in der Provence ein kleines Haus am Ufer der Sorgue, nahe an deren Quelle, wo der Fluß in einer Grotte auf spektakuläre Weise aus dem Kalkgestein hervortritt. Petrarca wollte sich aus dem lärmenden Avignon zurückziehen, um sich in Ruhe dem Studium der antiken Autoren und seiner dichterischen Tätigkeit zu widmen. Zugleich wollte er auch Abstand von der ihn verzehrenden Liebesleidenschaft gewinnen. So wenigstens erklärte er den Entschluß seinen Freunden.

Ein Jahr nach seiner Übersiedlung nach Vaucluse schrieb er eine lateinische Versepistel an Giacomo Colonna, in der er ihm sein neues, frugales Leben in der Abgeschiedenheit des einsamen Tals, allein in Gesellschaft seiner geliebten Bücher, schilderte. Er könnte sich für glücklich halten, schrieb er ihm auch, wenn ihn nicht eine bösartige Pein ohne Unterlaß quälte. Es habe in seinem vergangenen Leben eine ob ihrer Tugenden und edlen Herkunft bekannte Frau gegeben, die er besungen und durch seine Gedichte in der ganzen Welt berühmt gemacht habe. Mit ihren einfachen Sitten und ihrer ungewöhnlichen Schönheit habe sie einst sein Herz erobert und ihn in Ketten geschlagen. Mehrmals habe er versucht, das Joch abzuwerfen, sei geflüchtet und durch die Welt geirrt (tatsächlich hatte Petrarca schon vor der Reise nach Rom 1333 eine lange Reise durch Frankreich und Flandern bis hin nach Deutschland unternommen), um sich von ihr zu befreien– vergeblich –, so wie auch jetzt, da er an diesen einsamen Ort geflohen sei. Ständig trete sie ihm wieder vor

Augen und erfülle ihn mit Schrecken, weil sie nicht gewillt sei, ihn loszulassen. Dies bezog sich nicht nur auf einen Besuch der Geliebten an der Quelle, den eine berühmte Canzone besingt (*Canzoniere*, Nr. 126: «Chiare, fresche e dolci acque»). Sie erscheine ihm immerzu, schrieb er dem Freund, wenn er wach sei und wenn er schlafe; sie geistere durch seine Träume und dringe des Nachts in seine Kammer ein, so daß er erschreckt aufwache und aus dem Haus fliehe, sobald der Morgen graue. Aber selbst in der Einsamkeit des tiefsten Waldes sei er nicht vor ihr sicher. Er sehe ihr Antlitz eingeritzt auf Baumstämmen und im Spiegel der Gewässer, in den Gebilden der Wolken und in der Luft, und manchmal scheine es ihm sogar, daß es «lebendig» aus den Abgründen hervorbreche, so daß er vor lauter Entsetzen nicht weitergehen könne. Gott allein könne ihn noch von diesen Nachstellungen erlösen.

In einem zweiten, nicht lange danach an den Jugendfreund Lello Tosetti – «Lelius» – gerichteten, ebenfalls im Versmaß abgefaßten Brief kleidete Petrarca diesen Verfolgungswahn in anmutigere Bilder. Sein Gärtchen mit den bunten Blumen, den Früchten und dem Gesang der Vögel lasse in ihm die alte, längst erloschene Liebe wieder aufflammen, schrieb er ihm. Cupido sammle erneut seine Waffen. Er habe ihn selbst gesehen, wie er die Pfeile auf dem Stein schärfte, mit dem Finger die Spitzen befühlte und den Bogen zum Versuch spannte. Mit leichtem Flügelschlag flattere er in seinem Garten herum. Der Gedanke, daß der Liebesgott mit seinen Pfeilen die alte Wunde wieder öffnen könne, erfülle ihn mit Schrecken.

Es ist ein eindrucksvolles Psychogramm der Leidenschaft, das Petrarca hier zeichnet. Je unerfüllbarer die Liebe, desto höher loderten ihre Flammen. Noch 1349 erinnerte er einen Freund an die in der Einsamkeit von Vaucluse ausgestandenen Liebesqualen, zugleich aber auch an die aus dieser Pein erwachsenen Gedichte: «Die Flamme meines Herzens, die aus meinem Mund hervorbrach», schrieb er an Luca Cristiani, «erfüllte den Himmel und die Täler mit einem unglücklichen, aber wie es einigen schien, auch süßen Gemurmel; daraus entstanden jene Werke in der italienischen Vulgärsprache (*vulgaria cantica*) über meine jugendlichen Martern, deren ich mich heute schäme und die ich bereue, die aber jene, die an der gleichen Krankheit leiden, sehr schätzen».

Petrarca hat sich schon früh die Frage gestellt, ob diese verzehrende Leidenschaft trotz allen Verzichts auf sexuelle Erfüllung mit den Geboten des Christentums vereinbar sei. Sein ganzer Zwiespalt drückte sich schon darin aus, daß er den Beginn seiner Liebe auf einen Karfreitag legte, den Tag von Christi Leiden und Tod. Schloß die Passion des Erlösers die Passion der Liebe aus? Diese Gewissensfrage ist Inhalt eines Sonetts, das der Dichter wiederum auf einen Karfreitag, «zu Ende des elften Jahres, da ich dem unbarmherzigen Joch unterworfen bin», datierte. Dieser Tag möge ihn an das Leiden Christi erinnern und seine irrenden Gedanken auf bessere Ziele lenken (*Canzoniere*, Nr. 62). Aber dies war nur die eine Seite, denn im vorausgehenden Sonett feiert der Dichter in ganz anderem Ton den Augenblick, da ihn Amor mit seinen Pfeilen traf und ihn Gedichte schreiben ließ, «mit denen ich Ruhm erwerbe» (*Canzoniere*, Nr. 61). War seine Leidenschaft aber verwerflich, so stellte sich zugleich auch die Frage nach der Legitimität der Liebespoesie, ja des Dichtens überhaupt, da seine Verse nicht Gott, sondern eine irdische Frau priesen.

1333, drei Jahre nach seinem Eintritt in den Dienst des Kardinals Giovanni Colonna, brachte ihm die Begegnung mit dem Augustinermönch Dionigi da San Sepolcro erstmals eine echte religiöse Erfahrung. Dionigi schenkte ihm ein Exemplar der *Bekenntnisse* des hl. Augustinus, die ihn zutiefst beeindruckten. Es handelte sich um ein

Bändchen im Taschenformat, das er fortan immer bei sich führte, bis er es im Alter dem jungen Augustinermönch Luigi Marsili schenkte. Das handliche Büchlein habe ihn durch ganz Italien, Frankreich und Deutschland begleitet, schrieb er ihm, so daß es fast ein «Teil seiner Hand» geworden sei. Er hatte es auch mitgenommen, als er im April 1336 mit seinem Bruder den mächtigen Mont Ventoux bestieg. Die Auseinandersetzung mit den Gedanken des großen Kirchenvaters, der in bezug auf die Dichtung und die Kunst eine sehr negative Auffassung vertrat – Kunst, gleich in welcher Form, hatte nur dem Gotteslob zu dienen –, in den Augen Petrarcas jedoch auch eine Brücke zur Antike schlug, in deren Kultur er noch gelebt hatte, verließ ihn von da an nicht mehr. Er begann sich immer eindringlicher die Frage nach der Vereinbarkeit von Liebe, Dichtung und Religion zu stellen.

In einem fiktiven Streitgespräch mit dem hl. Augustinus, das er später schrieb (die Datierung ist kontrovers) und während seines Lebens offenbar nicht bekanntmachte, behandelt Petrarca im dritten Teil der lateinischen Schrift, die er mit den Worten «De secreto conflictu curarum mearum» (Über den geheimen Widerstreit meiner Gedanken) überschrieb, diese ihn bedrängenden Fragen. «Du bist immer noch von zwei diamantenen Ketten gefesselt, die dich weder über den Tod noch das Leben meditieren lassen», wirft Augustinus gleich zu Beginn Petrarca vor. «Du kennst sie gut, aber verblendet von ihrer Schönheit, hältst du sie nicht für Ketten, sondern für Schätze.» Diese beiden Ketten heißen, so erklärt der Heilige, «Liebe und Ruhm», um dann hinzuzufügen: «Glaubst du nicht, daß die Liebe der größte Wahnsinn ist?» Der Dichter widerspricht, unterscheidet zwischen der Liebe zu einer liederlichen, übelbeleumdeten Frau, deren «Wahnsinn» er anerkennt, und der Liebe zu einer Frau, die ihn durch ihre Tugendhaftigkeit in Bann schlägt. In dieser könne er nichts Verwerfliches sehen. Aber der Heilige läßt sich von diesen Argumenten nicht überzeugen und gibt zu bedenken, daß auch die schönsten Dinge auf unsittliche Art geliebt werden können. Doch dann wird er konkreter. «Jetzt aber wollen wir von einer sterblichen Frau sprechen, für die du, wie ich bedaure, sehr viel von deiner Zeit vergeudet hast, um sie zu bewundern und zu verehren», um dann noch hinzuzufügen: «Wenn aber der letzte Tag die Augen schließen wird, die dir so sehr gefallen, auch wenn sie dich in die Verderbnis getrieben haben, wenn du siehst, wie der Tod ihr Aussehen verändert und ihre Glieder schwarz gefärbt hat, dann wirst du dich schämen, deine unsterbliche Seele an einen armen vergänglichen Körper gebunden zu haben.» Trotzdem verteidigt der Dichter seine Liebe. Das, was er sei, verdanke er der Geliebten; ohne sie sei er nie zu Bekanntheit und Ruhm gelangt; sie habe ihn aus seinem schändlichen Leben gerettet und ihn gezwungen, den Blick nach oben zu richten. Aber auch das bestreitet der Heilige. Das Feuer des Begehrens und der unaufhörliche Tränenschwall hätten ihm ganz im Gegenteil den Weg zu Höherem verstellt. Ja gerade die Geliebte habe sein Herz von der himmlischen Liebe abgelenkt und das Begehren vom Schöpfer auf dessen Geschöpf abgelenkt; sie sei nicht die Führerin zum Himmel gewesen, wie er behaupte. Doch wieder verteidigt Petrarca sie: Sie habe getan, was ihr möglich gewesen sei, habe ihre Ehrbarkeit bewahrt, sei standhaft geblieben «trotz ihres und meines Alters». Hier hakt St. Augustinus listig ein: «Du hast also manchmal etwas Unehrbares gewünscht!» Nun ja, rechtfertigt sich der Dichter, damals sei er jung gewesen, jetzt sei er sich seiner Gedanken und Wünsche besser bewußt. Aber es hilft nichts, der Heilige beharrt auf dem Standpunkt, daß nichts mehr von der Gottesliebe abhalte als die Liebe zu weltlichen Dingen, «vor allem zu dem, den sie Amor nennen und den sie sogar als Gott bezeichnen», was die größte aller Gotteslästerungen darstelle. Unter allen Formen der Liebe sei nur die Liebe zu Gott erlaubt, ist der radikale Standpunkt des Heiligen, den Petrarca, immer mehr in die Enge getrieben, sich gezwungen sieht zu akzeptieren. Ein ständiges «Memento mori» sollte jeden Gedanken an irdische Liebe, sei sie auch noch so keusch, ebenso unterdrücken wie das Streben nach Ruhm durch die Dichtung.

Doch der Dialog endet mit einer überraschenden Wendung. Petrarca entzieht sich plötzlich der lebensfeindlichen Auffassung des hl. Augustinus, indem er erklärt, es sei zwar richtig, immer an das Seelenheil zu denken und nicht vom rechten Weg abzuweichen, doch sei er unfähig, seine Wünsche zu unterdrücken. Er habe noch viele wichtige Dinge zu erledigen und müsse deshalb auf die Barmherzigkeit Gottes vertrauen. Damit verabschiedet er etwas brüsk seinen strengen Gesprächspartner. Petrarca war trotz aller zwingenden Argumente nicht gewillt, der Leidenschaft der Liebe, der Poesie und dem Ruhm zu entsagen – so die Konklusion seiner «widerstreitenden Gedanken». Und deshalb wurde er kein Heiliger, sondern trotz aller Gewissenszweifel ein großer Dichter, der das Mittelalter hinter sich ließ.

Unter den Exzessen der Liebe zu Laura prangert Augustinus auch folgenden an: Petrarca habe sich nicht nur völlig von den Launen der Geliebten abhängig gemacht, sondern sogar ein Bild von ihr anfertigen lassen. Wörtlich wirft er ihm vor: «Was gibt es Wahnsinnigeres als daß du dir, nicht zufrieden damit, das leibhaftige Bild (*effigies praesens)* des Antlitzes jener, die dir das alles zugefügt hatte, zu sehen, von einem berühmten Maler ein Bildnis (*effigiem fictam*) hast machen lassen, um es immer mit dir herumtragen zu können und jederzeit Anlaß für unstillbare Tränen zu haben.» Das Thema wird im Dialog nicht weiter ausgesponnen, sondern nur als Beispiel für die vielen törichten Dinge angeführt, zu denen sich nach Meinung des hl. Augustinus Petrarca in seiner Leidenschaft hinreißen ließ. Aber unausgesprochen steht hinter diesem Vorwurf noch ein anderer: Petrarca hat sich ein Bildnis machen lassen, vor dem er eine irdische Frau auf die gleiche Weise verehrt, wie Gott, Maria und die Heiligen vor einem Andachtsbild verehrt werden – eine wahre Blasphemie!

Dem so beanstandeten Bildnis seiner Geliebten hat Petrarca indessen zwei berühmte Sonette seines *Canzoniere* gewidmet (Nr. 77 und 78) und in einem dritten Sonett (Nr. 130) nochmals auf das Thema angespielt: Da er ohne Hoffnung auf Erhörung gewesen sei, habe er sich von der Geliebten entfernt und klammere sich unter Tränen und Klagen einzig an ein Bild *(imagine)*, das nicht Zeusis, Praxiteles oder Phidias, die berühmtesten Künstler der Antike, sondern ein Meister von ungleich größerem Talent geschaffen habe. Der Name dieses Meisters wird in den beiden ersten Sonetten genannt.

Das eine (Nr. 77) beginnt mit der Feststellung, daß, selbst wenn Polyklet und die anderen berühmten Künstler der Antike im Wettstreit miteinander Laura tausendmal anschauten, sie doch nur den kleinsten Teil der Schönheit sehen würden, die das Herz des Dichters erobert hat. Simon hingegen – dies der Name des Meisters – habe ihr Bildnis im Paradies gemalt, um hier unten auf der Welt Zeugnis von ihrem schönen Antlitz abzulegen. Im Paradies werde die Seele nämlich nicht vom Körper verhüllt. Simon hätte auch das Bildnis schon deshalb nicht auf Erden malen können, weil hier seine Augen, da Teil der sterblichen Natur, die wahre, unverhüllte Schönheit nicht hätte sehen können. Noch einen weiteren Hinweis enthält das Gedicht. Simon malte dieses Bildnis «in carte», worunter wohl weniger Papier als vielmehr Pergament zu verstehen ist. Wenn Petrarca also den Maler lobt, weil er nicht die äußere Erscheinung, sondern die wahre Schönheit der Geliebten, wie sie nur im Himmel existiert, dargestellt hat, dann nimmt er Bezug auf die platonische Ideenlehre, die, auf die Kunst bezogen, besagt, daß der Künstler sein Vorbild in den unwandelbaren Ideen findet, aus deren Anschauung er sein Werk schafft. Petrarca war diese Lehre aus der Lektüre der antiken Schriftsteller bekannt, aber sie erscheint im Sonett in ihrer verchristlichen Form, wie sie Augustinus formuliert hatte: Lauras Bildnis war wie sie selbst aus dem Himmel gekommen, wo die Urform aller Dinge, deren Idee, in Gott aufgehoben ist. Petrarcas Maler ist den heidnischen Künstlern wie Polyklet, Zeusis oder Phidias deshalb überlegen, weil diesen als Heiden der christliche Himmel verschlossen bleibt.

Das zweite Sonett beschreibt dagegen die Reaktion des Dichters vor dem von Simon geschaffenen Bild. Trotz der himmlischen, wahren Schönheit, die es widerspiegelt, beklagt Petrarca doch einen gravierenden Mangel: Simon hätte ihm, dem Liebenden, viele Seufzer erspart, wenn er der Figur auch Stimme und Verstand (*voce et intellecto)* verliehen hätte. Auf dem Bild mache die Dargestellte einen demütigen und friedvollen Eindruck, und wenn er komme, um mit ihr zu reden, dann habe es den Anschein, als ob sie ihm huldvoll zuhöre. Doch sei dies alles nur Täuschung, das Bild bleibe stumm, ganz im Gegensatz zum Bild, das einst der mythische Bildhauer Pygmalion schuf. Diesem gelang es nach der Legende bekanntlich, seine vollendet schöne Frauenstatue durch seine Liebe zum Leben zu erwecken, so daß sie eine Frau aus Fleisch und Blut und seine Geliebte wurde. Ebendeshalb ist sein Werk von ganz besonderer Qualität, denn es scheint nicht nur, sondern es ist lebendig. Die «Lebendigkeit» der Kunst hat Petrarca auch an verschiedenen Kunstwerken, die er sah, gelobt, ganz in Übereinstimmung mit einem beliebten antiken Topos. Aber er beneidet Pygmalion nicht so sehr wegen seiner Kunst, das Bildwerk lebendig werden zu lassen, sondern vor allem wegen des Besitzes einer wirklichen Frau, die ihm Liebe schenken kann. Weshalb er sein Sonett mit dem Ausruf beschließt: «Pygmalion, wie sehr mußt du dein Bild loben, wenn du tausendmal das erlangtest, was ich nur ein einziges Mal begehre.» Petrarca muß sich im Gegensatz zum mythischen Künstler mit einer fiktiven Geliebten begnügen, mit einem Bild, das nicht antwortet.

Bei «Simon», der nach der Aussage der Sonette Lauras Bildnis gemalt haben soll, handelt es sich, wie übereinstimmend angenommen wird, um den Sieneser Maler Simone Martini, der in der Mitte der dreißiger Jahre des 14. Jahrhunderts nach Avignon gekommen war, um an der Ausschmückung des neuen Papstpalastes mitzuwirken. Petrarca lernte ihn hier kennen und verkehrte freundschaftlich mit ihm bis zu dessen Tod im Jahre 1344. Sicher ist, daß Simone Martini für ihn die große Miniatur in der kostbaren Handschrift mit den Werken Vergils fertigte, in die er später auch den Tod Lauras eintrug. Sie zeigt Servius, den Autor des Vergil-Kommentars, wie er einen Vorhang aufzieht und auf den antiken Dichter zeigt, der mit einem Buch im Schoß und der Feder in der Hand sitzend an einen Baumstamm lehnt. Drei weitere Figuren personifizieren die Werke Vergils, während zwei Schriftrollen in der Mitte des Bildes lateinische Inschriften enthalten, die zweifellos der Feder Petrarcas entstammen. Die eine besagt: «Wie Mantua Vergil, der solch Großes dichtete, hervorbrachte, so brachte Siena Simone hervor, der solch Großes malte.» Petrarca schätzte also Simone Martini so sehr, daß er ihn mit dem vergötterten Vergil auf eine Stufe stellte. Der Maler war seiner Meinung nach dem großen antiken Dichter, die Malerei der Dichtung ebenbürtig.

Ein Bildnis der Laura von der Hand Simone Martinis ist jedoch nicht erhalten und wird auch nicht in Petrarcas Testament erwähnt, in dem verschiedene Kunstwerke aufgeführt sind, darunter ein

Marienbild Giottos. Daß Simone ein solches Bildnis wirklich malte, ist in der Tat höchst zweifelhaft, denn die künstlerische Gattung des gemalten Einzelporträts existierte zu Petrarcas Zeiten noch gar nicht. Es ist indessen gut möglich, daß Petrarca seine Vorstellung vom Bildnis der Geliebten der literarischen Tradition entnahm. Ein beliebter Topos der höfischen Liebeslyrik besagte nämlich, daß Amor das Bild der Geliebten dem Liebenden ins Herz malte oder einmeißelte. Wie viele Dichter vor ihm hat auch er diese alte Metapher mehr als einmal benutzt. In diesem Falle aber imaginiert er das Bildnis als ein «wirkliches», das von einem bekannten Maler mit einem Pinsel auf Pergament gemalt war wie die Miniatur in der Vergil-Handschrift. Auf diese Weise wurde gerade das Bildnis, seiner Natur nach Fiktion, zum trügerischen Garanten der historischen Wahrheit.

Die persönliche Begegnung mit Simone Martini, einem der hervorragendsten Vertreter der neuen Malerei, mit der die Renaissance begann, und die Kenntnis der Werke Giottos, die Petrarca so schätzte, daß er eines davon erwarb, könnten ihn in der Tat auf den Gedanken gebracht haben, die poetische Metapher auf die bildende Kunst zu übertragen. Das von Amor ins Herz gemalte, metaphorische Bildnis verwandelte sich in ein reales Gemälde. Damit erfand Petrarca ein künstlerisches Genre, das es in der Realität seiner Zeit noch nicht gab, und imaginierte ein Gemälde, das nie gemalt wurde. Um diese Erfindung zu beschreiben, griff er auf Vorstellungen aus der antiken Ästhetik zurück: auf jene vom Künstler, der aus den ewigen Ideen schöpft, und auf die Vorstellung, daß wahre Kunst die Bilder «lebendig» macht, das heißt das Leben vortäuscht und die Natur nachahmt. Der Vorzug von Lauras Bildnis, das Simone Martini angeblich malte, lag aber trotz des Lobgesangs auf Pygmalion in Petrarcas Augen nicht eigentlich in seiner naturalistischen Ähnlichkeit; das Verdienst des Künstlers lag für ihn vielmehr darin, sich an der «idealen», nur im Himmel existierenden Schönheit ausgerichtet zu haben.

Die Idee des von Künstlerhand gemalten Bildnisses der Geliebten, das dem Liebenden das Objekt seiner Sehnsucht vorgaukelt und präsent hält, war damit geboren. Es war ebenso Ausdruck der Leidenschaft wie die Gedichte selbst. Doch sollte noch ein gutes Jahrhundert vergehen, bis eine weltlichere Gesellschaft, der Petrarcas religiöse Zweifel fernlagen, sich seine Vorstellungen aneignete und aus diesen ein Liebesritual entwickelte, das in der Renaissance die höhere Gesellschaft Italiens eroberte. Die Passion der Liebe, die Petrarca als pure Möglichkeit aufgezeigt hatte, harrte nur noch der Verwirklichung.

Lorenzo de' Medici und Lucrezia Donati 2

Bei seinem Tod, der ihn 1374 im Örtchen Arquà bei Padua erreichte, wo er die letzten Lebensjahre verbrachte, war Petrarca ein in ganz Italien berühmter Dichter, dessen Werke, die lateinischen wie die in der italienischen Volkssprache, in vielen Abschriften zirkulierten. Giovanni Boccaccio, der vergeblich versucht hatte, ihn nach Florenz zurückzuholen, schrieb für sich selbst bei einem Besuch bei ihm in Venedig die früheste Fassung des *Canzoniere* ab, die überliefert ist. Während die Humanisten die lateinischen Werke bevorzugten, waren an den Höfen und in den bürgerlichen Städten vor allem die italienischen Dichtungen beliebt, neben dem *Canzoniere* auch die *Triumphi*, in denen Laura mehrmals auftritt; besonders ihr Sterben wird im *Triumph des Todes* dramatisch beschrieben. Aber auch ein Humanist wie Coluccio Salutati, der mit Petrarca in brieflichem Verkehr gestanden hatte und später Kanzler der Republik Florenz wurde, besorgte sich eine Abschrift der teilweise autographen, letzten Fassung des *Canzoniere*.

Ein Humanist der jüngeren Generation, Francesco Filelfo, schrieb in den vierziger Jahren des 15. Jahrhunderts sogar einen vielgelesenen Kommentar in italienischer Sprache zu Petrarcas poetischem Hauptwerk – allerdings nicht aus eigenem Antrieb. Gewünscht hatte ihn sich der Herzog von Mailand, Filippo Maria Visconti, ein großer Verehrer des Dichters. Filelfo war nicht glücklich über den Auftrag, den er jedoch, da er von seinem Brotherrn kam, nicht ausschlagen konnte. Petrarcas Gedichte besagten ihm nicht mehr viel. Er war ein Gelehrter, der nicht nur Latein, sondern als einer der ersten auch das Griechische beherrschte und die alten Sprachen den neuen, in diesem Fall der italienischen, für weit überlegen hielt, was dementsprechend auch für die in den betreffenden Sprachen geschriebenen Werke galt. Er bewunderte zwar Petrarcas poetische Kunst, doch lag ihm seine Gedankenwelt völlig fern. Vor allem die Gewissenszweifel des Dichters waren ihm unverständlich, und so verstieg er sich oft zu recht merkwürdigen und manchmal sogar obszönen Interpretationen der Gedichte. Zum ersten Sonett des *Canzoniere*, in dem der Dichter Reue und Scham über seinen «jugendlichen Irrtum» bekundet und damit das Grundthema der ganzen Sammlung anschlägt, fiel ihm nur die lakonische Feststellung ein, daß «keine Frucht für die fleischliche Lust daraus erwuchs». Aber er glaubte fest, daß es sich bei Petrarcas Liebe zu Laura um eine reale Geschichte gehandelt hatte, um ein galantes Abenteuer mit all den dazugehörigen Plänkeleien. Lauras Existenz stand für ihn außer Zweifel, ja er polemisierte heftig gegen diejenigen, welche in ihr nur die Poesie, die Seele oder die Tugend symbolisiert sehen wollten. Was ihr Bildnis betraf, so war er der Meinung, daß Simone Martini es nach dem lebenden Modell («dal naturale») gemalt habe. Zu Filelfos Kommentar gesellten sich bald noch andere in ähnlichem Sinn dazu.

Mit seinen Überzeugungen stand Filelfo nicht allein. Im 15. Jahrhundert zweifelte kaum jemand noch daran, daß Laura gelebt hatte. Man begann, in Avignon nach ihren Spuren zu suchen, und vermeinte, sie auch gefunden zu haben. So kam etwa ein Florentiner namens Luigi Peruzzi bei seinen Nachforschungen zu dem Schluß, daß Laura aus der Familie Salso (= Sade) stammte und in der Burg Toro (= Thor) auf die Welt gekommen sei. Ein Angehöriger der Familie de Sade, zu der auch der berühmte Marquis gehörte, lieferte dann im 18. Jahrhundert ein ganzes Dossier von Dokumenten nach, die diese seit Jahrhunderten zirkulierende Legende beweisen sollten. Peruzzi schrieb in seinen Aufzeichnungen auch, daß Simone Martini Petrarcas Geliebte auf einem Fresko auf der Domfassade dargestellt habe. Dieses Fresko ist heute zerstört, aber eine Zeichnung aus dem 17. Jahrhundert überliefert seinen Inhalt. Es zeigte Sankt Georg, der, wie es die Legende erzählt, eine Jungfrau vor dem Drachen rettet. Dieser Jungfrau sollte der Maler die Züge Lauras gegeben haben. Ein lateinischer Vierzeiler, der das Fresko begleitete, wurde – zu Unrecht – Petrarca zugeschrieben. Lauras angeblich authentische Bildnisse in Avignon – es kamen noch andere hinzu – wurden immer wieder von den Besuchern kopiert. Es zirkulierte sogar ein Gerücht, daß Petrarca Laura mit der Vermittlung Papst Urbans V. geehelicht habe.

Die allgemeine Verehrung Petrarcas wurde auch von der Familie Medici geteilt. Mit Dante und Boccaccio bildete Petrarca das Dreigestirn der literarischen Tradition, die den Stolz von Florenz ausmachte, waren doch alle drei Dichter Bürger der Stadt gewesen. Als der junge Lorenzo, Piero de' Medicis ältester Sohn und Enkel Cosimos, seine Studien unter der Leitung seines Präzeptors Gentile Becchi begann, konnte er auf eine reichbestückte Familienbibliothek zurückgreifen, in der neben den Werken Dantes und Boccaccios auch Handschriften mit Petrarcas *Canzoniere* und den *Triumphi* standen. Schon Cosimo de' Medici, der Begründer der Macht der Familie, besaß, wie ein Inventar seiner Bibliothek bezeugt, eine Handschrift mit «Sonetten von Messer Francesco», die er wahrscheinlich aus dem Nachlaß Coluccio Salutatis erworben hatte. Lorenzos Vater Piero, der sie erbte, hatte noch eine zweite Petrarca-Handschrift in seinem Besitz. Sie war jüngeren Datums und weniger kostbar als die alte, die in grüne Seide gebunden und mit silbernen Fibeln versehen war, und enthielt auch den Kommentar von Francesco Filelfo.

Obwohl das Erlernen der lateinischen Sprache und die Lektüre der klassischen Autoren die Grundlage des Unterrichts bildete, zeigte der junge Lorenzo doch schon früh eine ausgeprägte Vorliebe für die Dichter, die in toskanischer Sprache geschrieben hatten, und für Petrarca im besonderen, denn er begann schon als Jüngling, Gedichte in dessen Manier zu schreiben. Doch beließ es Lorenzo de' Medici nicht bei diesen dichterischen Exerzitien. Die Liebe zu einer schönen jungen Florentinerin bewog ihn dazu, Petrarcas poetische Liebesgeschichte, die er im *Canzoniere* beschrieben fand, zum Vorbild für die Gestaltung seiner eigenen Liebesgeschichte zu nehmen. Damit stellte er Petrarcas imaginäres Reich der Liebe auf den Boden der Realität und begründete das Liebesritual, das auch aufgrund seiner hervorragenden gesellschaftlichen und intellektuellen Stellung auf großen Erfolg in Italien stoßen sollte.

Es gehörte in Florenz zur Tradition, daß junge Männer aus den führenden Familien jungen Damen ihres Ranges mit Bällen, Aufzügen und Turnieren auf ritterliche und oft aufwendige Art den Hof machten. Es handelte sich dabei nicht um Huldigungen, die auf die Ehe zielten oder trotz aller Liebesrhetorik zu tatsächlichen Beziehungen führten. Doch ebenso wie die Eheverbindungen, welche die Familien der Stadt miteinander verbündeten und versöhnten, hatten auch diese Liebesspiele eine gesellschaftliche Funktion. Sie erlaubten der Jugend von Florenz, öffentlich hervorzutreten und ihre Stellung in der Gemeinschaft zu markieren.

Besonderes Aufsehen hatte während des Karnevals des Jahres 1464 das prächtige Spektakel erregt, das Bartolomeo Benci zu Ehren der jungen, schönen Marietta Strozzi inszeniert hatte (Abb. Seite 31). Auf Mariettas Leben lag der Schatten des Exils. Sie war eine Enkelin

Desiderio da Settignano, Marmorbüste eines jungen Mädchens (Marietta Strozzi), Berlin, Staatliche Museen

von Palla Strozzi, Cosimo de' Medicis großem politischen Gegner, dem er 1434 hatte weichen müssen. Seitdem hatte er nie wieder in seine Heimatstadt zurückkehren dürfen. Marietta war deshalb nicht in Florenz aufgewachsen, aber nun von ihrer Mutter – ihr Vater war schon lange tot – dorthin zu Verwandten geschickt worden, um auf dem Heiratsmarkt bessere Chancen zu haben. Wenn sich wegen dieses politischen Makels auch nicht viele Bewerber um ihre Hand fanden, so machte ihre bezaubernde Anmut sie doch schnell zum allgemeinen Objekt der Bewunderung und der Liebe.

Das grandiose Schauspiel, das Bartolomeo Benci zu ihrer Huldigung ausrichtete, kleidete sich in die alten Formen des Ritterspieles, *armeggeria* genannt, das gleichzeitig auch, Petrarcas *Triumph der Liebe* vor Augen, die Metaphern der Liebesdichtung in Szene setzte. Ein mehrhundertköpfiger Zug von prächtig gekleideten Reitern, Knappen und Musikanten setzte sich unter der Führung Bencis im Licht von tausend Fackeln in Bewegung, um einen funkensprühenden, mehr als zehn Meter hohen Triumphwagen vor Mariettas Haus zu begleiten – ein wahres Wunderwerk Florentiner Handwerkskunst. Einer zeitgenössischen Beschreibung zufolge war er mit vielen kleinen, mit Pfeil und Bogen bewaffneten Putten besetzt, während schmückende Zweige von Lorbeer, Myrthe, Zypresse und Ginster ebenfalls auf die Liebe verwiesen. Auf den Seiten waren zum Zeichen der Liebesunion die beiden Familienwappen angebracht; angeheftete Glöckchen sorgten auch für akustische Untermalung. Das Aufsehenerregendste aber war das brennende und blutende Herz auf der Spitze, in dem die poetischen Metaphern der Liebesglut und des von Amors Pfeil verwundeten Herzens anschaulich verbildlicht waren. Angekommen vor Mariettas Haus, die von einem Balkon aus dem grandiosen Spektakel zu ihren Ehren zuschaute, warfen die Liebesritter goldene Pfeile in ihre Richtung und brachen nach schnellem Ritt ihre Lanzen an den Mauern des Gebäudes zum Zeichen, daß es ihnen nicht gelungen war, die Festung der Keuschheit zu erstürmen. Schließlich wurde der Triumphwagen angezündet, so daß es aussah, als ob die Putten ihre brennenden Pfeile auf Marietta abschössen. Es folgte ein musikalisches Ständchen. Dann zog die Schar der Ritter weiter, damit ein jeder von ihnen der eigenen Dame seine Huldigung darbringen konnte. Die prächtige Veranstaltung zog Hunderte von Zuschauern an (Abb. Seite 33).

Es lag auf der Hand, daß sich auch Lorenzo de' Medici, der Sproß der mächtigsten Familie der Stadt, auf diese Weise profilieren wollte. Zu seiner «Geliebten» erkor er eine junge Dame, die aus einer der nobelsten und ältesten Familien der Stadt stammte, deren Reichtum und politischer Einfluß aber schon seit langem verblaßt war. Lucrezia Donati war wie Marietta in der ganzen Stadt berühmt für ihre Schönheit, aber im Gegensatz zu dieser formell schon einem Florentiner Kaufmann aus angesehener Familie versprochen, der jedoch

Francesco d'Antonio del Chierico, Triumph der Liebe, Miniatur aus der Handschrift mit den Werken Petrarcas und Dantes im Besitz von Lorenzo de' Medici, Paris, Bibliothèque Nationale, Ms. italien 548, f. 10v

als Sohn eines Gegners von Cosimo de' Medici ebenfalls aus der Stadt verbannt worden war. Marietta und Lucrezia verband also ein ähnliches Schicksal, und nur die außergewöhnliche Schönheit beider ließ diese politische Diskriminierung vergessen. Als der gerade erst sechzehnjährige Lorenzo de' Medici der fast Gleichaltrigen den Hof zu machen begann, bemühte sich der schon in reiferem Alter stehende Bräutigam gerade um die Erlaubnis, für kurze Zeit nach Florenz zurückkehren zu dürfen, um Hochzeit zu feiern und die Braut in sein väterliches Haus zu überführen.

Die Hochzeit fand im April 1465 statt. Lorenzo war zu dieser Zeit in diplomatischer Mission in Mailand und konnte an den Festen und anschließenden Lustbarkeiten zu seinem Bedauern nicht teilnehmen. Dafür hielten ihn seine Freunde jedoch mit ihren Briefen eifrig über die Geschehnisse auf dem laufenden. Die Feste zogen sich über mehrere Tage hin, während deren eine Gesellschaft von jungen Leuten mit dem Brautpaar ausgelassen bei Gesang, Tanz und gutem Schmaus in der Stadt und in den Villen vor den Toren feierte. Lorenzos Freund Braccio Martelli, selbst «Liebhaber» von Lucrezias älterer Schwester Costanza, ließ in einem Brief die Bemerkung fallen, daß selbst «der Meister der Eloquenz, Giovanni Boccaccio», Mühe gehabt hätte, das galante Treiben zu beschreiben. Die Freunde waren nicht müde geworden, Lucrezia stellvertretend für Lorenzo den Hof zu machen und ihr Liebesbeteuerungen ins Ohr zu flüstern. Sie waren sogar so weit gegangen, in einer spaßigen Pantomime, bei der einer der Freunde Lucrezia darstellte, Lorenzos Liebeswerben zu karikieren. Die Atmosphäre war erotisch aufgeladen, doch blieb alles, wie Martelli dem Abwesenden versicherte, in den Grenzen der Ehrbarkeit. Die etwas gewagten Spielereien, deren Objekt seine junge Frau war, beunruhigten den Bräutigam offenbar nicht weiter. Er wußte, daß es sich um ein Gesellschaftsspiel handelte, bei dem

Lorenzo de' Medici und Lucrezia Donati als Liebespaar, Kupferstich

die unüberwindliche Keuschheit der Dame zu den Spielregeln gehörte. Vielleicht hoffte er auch, daß durch die Fürsprache Lorenzos bei seinem Vater Piero der auf ihm liegende Bann aufgehoben würde. Dies geschah aber nicht. Schon nach wenigen Tagen mußte er die Stadt wieder verlassen und ließ die ihm gerade angetraute junge Lucrezia unter der Aufsicht seiner Mutter in Florenz zurück. Der neue Status seiner Dame als verheiratete Frau hielt Lorenzo nicht davon ab, ihr auch weiterhin sehr intensiv den Hof zu machen (Abb. oben).

Während des Karnevals 1466 richtete Lorenzo im großen Papstsaal des Klosters Santa Maria Novella einen großen Ball aus, den Lucrezia sich ausdrücklich von ihm gewünscht hatte; sie ließ sich eigens dafür mit dem Geld, das ihr ferner Gemahl aus der Levante geschickt hatte, eine neue prächtige Robe anfertigen. Lorenzo selbst erschien auf dem Fest in einem kostbaren, von Perlen übersäten dunklen Gewand, begleitet von seinen Freunden, die alle zum Zeichen der Zugehörigkeit eine Livree mit seinen Farben trugen. Während des Karnevals 1467 veranstaltete Lorenzo wiederum einen großen Ball, diesmal im Freien auf dem Mercato Nuovo. Den Höhepunkt seiner Huldigungen stellte jedoch ein Turnier dar, das während des Karnevals 1469 stattfand. Lorenzo hatte dieses Turnier, wie Luigi Pulci in dem Poem, das er darüber schrieb, berichtet, Lucrezia schon 1466 während der Hochzeit seines Freundes Braccio Martelli versprochen. Damals hatte ihm Lucrezia zum Zeichen der Liebe einen Veilchenkranz geflochten, der, inzwischen vertrocknet, am Tag des Kampfes seinen Helm zierte. Ein Turnier war in Florenz keine private Angelegenheit, sondern wurde von der Stadt ausgerufen. Dennoch war von vornherein ausgemacht, daß Lorenzo darin die Hauptrolle spielen sollte. Er ging in der Tat, wie erwartet, als Sieger aus dem Turnier hervor.

Dem eigentlichen Kampf ging eine Parade voraus, in der sich die prunkvoll gekleideten Teilnehmer mit ihrem Gefolge von Knappen und Freunden, ihren Pferden und Fahnen präsentierten. Jeder Turnierkämpfer hatte sich ein verschlüsseltes Sinnbild mit einem dazugehörigen Sinnspruch gewählt, das auf einer von einem Knappen vorangetragenen Fahne dargestellt war. Diese Impresen – Rätselbilder – bezogen sich fast alle auf die Mythologie der Liebe: hier ein gefesselter Cupido mit ausgerupften Flügeln, dort eine Frau, die Cupidos Feuerfackeln löschte, oder ein Mädchen, das Amors Bogen zerbrach – Bilder, die auf den Widerstand und die Keuschheit der geliebten Damen verwiesen, die auf den Tribünen dem Turnier beiwohnten. Einige Embleme waren so verschlüsselt, daß ihr Sinn unklar blieb. Auch die Darstellung auf Lorenzos Turnierfahne war vielleicht nicht jedem Zuschauer gleich verständlich; seinen Freunden dürfte sie indessen keine Rätsel aufgegeben haben. Die Fahne aus

Seidenstoff – sie kam aus der renommierten Werkstatt Andrea del Verrocchios – war in zwei Felder in den Farben rot und weiß aufgeteilt. Oben eine Sonne, unter dieser ein Regenbogen und in der Mitte folgende Szene: Eine Frau in einem himmelblauen, mit goldenen Blumen verzierten Kleid stand neben einem Lorbeerbaum mit teils grünen, teils vertrockneten Blättern. In der Hand hielt sie einen Kranz aus grünen Lorbeerzweigen, während grüne und vertrocknete Kränze auch über die beiden Felder verstreut waren. Kein Zweifel, die Frau sollte Lucrezia Donati repräsentieren.

Als kurz nach dem rauschenden Karnevalsfest des Jahres 1466 Lorenzo de' Medici Florenz aufs neue verließ, um sich auf eine längere Reise nach Rom und Neapel zu begeben, versäumten seine Freunde auch diesmal nicht, ihm von seiner Dame zu berichten. Sie hatten Lucrezia seit Lorenzos Abreise nicht mehr gesehen und auf ihre Nachfragen erfahren, daß sie das Haus seitdem nicht mehr habe verlassen wollen. «Ob Du der Grund bist, weiß ich nicht», setzte der Freund Sigismondo Della Stufa vielsagend hinzu. «Diana» musiziere, um ihre Melancholie und ihren Schmerz zu vergessen, wußte der Schwager Bernardo Rucellai zu erzählen, auch weigere sie sich, an den üblichen Ablaßgängen der Fastenzeit teilzunehmen. Ein paar Tage danach erspähte sie Della Stufa aber doch, als sie am Vorabend des Festes von Mariae Verkündigung aus der Kirche der Santissima Maria Annunziata trat. Er schlug geradezu hymnische Töne an, um sie dem Abwesenden zu beschreiben: Er hatte sie gesehen, wie sie nach der Beichte mit reuig gebeugtem Kopf, in schwarzem Gewand und mit verhülltem Haupt leichten Schrittes ihres Weges ging, «daß Du nie etwas Schöneres sahst» – genau so, lautete die implizite Botschaft, wie Laura Petrarca am Karfreitag in Avignon erschienen war. Die Freunde interpretierten Lucrezias Verhalten mit dem *Canzoniere* im Sinn.

Es war ihnen nämlich wohlbekannt, daß Lorenzo in Petrarcas Manier Gedichte über seine Liebe schrieb. Braccio Martelli zitierte in einem anderen Brief einige Verse daraus sogar wörtlich. Wie die Freunde als Zuschauer und Mitspieler an Lorenzos Liebe teilnahmen, so waren sie auch sein erstes Publikum. Mit der Einbeziehung der Poesie erhielt das ganze Spiel einen höheren, kultivierteren Anstrich. Auch die dem Hause Medici verbundenen Literaten fühlten sich aufgerufen, Lorenzos Liebe zu bedichten. Luigi Pulci legte einem Brief nach Rom ein längeres Gedicht bei, in dem er Lucrezia als eine verzweifelte Nymphe beschrieb, die im Wald vergeblich nach ihrem verschwundenen Lorbeer suchte. Sein Bruder Luca ließ in einer Versepistel nach dem Vorbild von Ovids *Heroides* Lucrezia als Schreiberin eines Briefs an ihren «Lauro» auftreten. Ugolino Verino richtete eine lateinische Elegie direkt an Lucrezia mit der Aufforderung, Lorenzo de' Medici zu lieben. Naldo Naldi schrieb ebenfalls auf lateinisch eine Ekloge, die von der Liebe eines Schäfers (Lorenzo) zur Nymphe Daphne (Lucrezia) handelte. Der Solopart in diesem Konzert kam natürlich Lorenzo selbst zu.

Petrarca, nicht die antiken Dichter, lieferte ihm die Formen und die Themen für die eigenen, zum Teil noch etwas ungelenken Versuche, seine Liebe in poetische Worte zu fassen: die Verwundung durch Amors Pfeil und die dadurch bewirkte Knechtschaft der Liebe; die Hoffnung und die Verzweiflung über die Sprödigkeit der Geliebten; die Klage über den Irrgarten der Liebe sowie die Erinnerung an die erste, glückliche Begegnung. Dabei paßte Lorenzo die Metaphorik Petrarcas seinen persönlichen Gegebenheiten an. Die Wortspielereien um den Namen Laura wurden durch solche ersetzt, die sich mit dem Namen Lucrezia vertrugen. So wird diese zur «Sonne» (*luce / Licht* = Lucrezia) und in Weiterführung des Bildes mit dem Sonnengott Phoebus-Apoll in Verbindung gesetzt, der mit seiner

Liebe Daphne verfolgte. Denn der Lorbeerbaum (*lauro*), in den sich Daphne verwandelte, gab allzugut das Bild für seinen eigenen Namen ab, was allerdings durch den Wechsel des Geschlechts zu manchen etwas merkwürdigen Konstellationen führte.

Schon eines der frühesten Gedichte hat auch das Bildnis zum Thema. Das sprachlich und gedanklich etwas konfuse Sonett handelt von der himmlischen Schönheit, welche die Natur in der Geliebten verwirklicht hat, und von der Meisterschaft des Künstlers, der ein Bild von der «lebendigen und natürlichen Form» der Geliebten geschaffen hat, dem nur noch der Atem fehlt. Nur die Tugend der Geliebten habe der Künstler nicht zeigen können, sonst hätte er Phidias, Polyklet oder Praxiteles weit übertroffen. In einem zweiten Sonett hält der Liebende Zwiesprache mit dem Bildnis. Er weint und klagt vor ihm in der Illusion, eine lebende Person vor sich zu haben, bis er einsieht, daß ein Bild nicht reagieren kann. Petrarcas Motive sind hier alle wieder aufgegriffen. Der Name des Malers wird allerdings nicht genannt.

Trotz dieser Unterlassung ist es jedoch sicher, daß Lorenzo sich nicht mit der literarischen Imitation begnügte, sondern tatsächlich ein Bildnis von Lucrezia Donati malen ließ. Darauf deutet nicht nur die Überschrift des zweiten Sonettes hin, die auf deutsch besagt: «Sonett, geschrieben vor einer kleinen Tafel, auf der eine Frau dargestellt war.» Die Vermutung wird auch durch ein Dokument bestätigt. Nach der Vertreibung der Medici aus Florenz reichte im Jahre 1495 Tommaso, der Bruder Andrea del Verrocchios, der Lorenzos Turnierfahne bemalt hatte, bei der zuständigen Behörde ein Verzeichnis von Werken und Arbeiten ein, die der 1488 in Venedig verstorbene Künstler für die Medici ausgeführt hatte, ihm nach Angabe des Bittstellers aber nicht bezahlt worden waren. Tommaso als Erbe machte nun seine Ansprüche vor Gericht geltend. Es handelte sich um Aufträge verschiedenster Art, darunter nur ein einziges Gemälde, nämlich «ein Bild aus Holz, darinnen die Figur des Kopfes der Lucretia de' Donati». Dies ist zweifellos die kleine Tafel, die in der Überschrift des Sonetts genannt wird. Verrocchio hatte um die Jahreswende 1466/67 dank der Unterstützung der Medici seinen ersten großen öffentlichen Auftrag erhalten, eine Bronzestatue des ungläubigen hl. Thomas für die Mercanzia, das florentinische Handelsgericht, die eine der Nischen ihres Sitzes schmücken sollte. Er mußte sich deshalb den Medici verpflichtet fühlen. Lorenzo nahm offenbar diesen günstigen Augenblick beim Schopf und ließ sich damals, als seine Liebe zu Lucrezia Donati auf dem Höhepunkt stand, gratis auch ein Bildnis von ihr malen. Es ist nicht erhalten, daß es angefertigt wurde, kann jedoch nicht bezweifelt werden.

Lorenzo de' Medici hatte wie alle seine Zeitgenossen die von Petrarca besungene Liebe zu Laura für historische Wirklichkeit gehalten und richtete in dieser Überzeugung seine eigene Liebe und seine Gedichte an eine reale Person, von der er ein reales Bildnis malen ließ. Petrarcas religiöse Zweifel berührten ihn bei dieser Liebesgeschichte nicht mehr. Er integrierte die Poesie Petrarcas und das von diesem imaginierte Bildnis in das galante Gesellschaftsspiel der Liebe, das die Florentiner ihren schönen, jungen Mitbürgerinnen darzubringen pflegten. Seine hohe Stellung in der Stadt umgab diese Form der Huldigung mit einer elitären Aura und lud bald zur Nachahmung ein. Vor allem das Bildnis der Geliebten durfte in diesem neuen Liebesritual nicht mehr fehlen.

Bernardo Bembo und Ginevra Benci

3

In den ersten Januartagen des Jahres 1475 traf der neue venezianische Botschafter in Florenz ein. Bernardo Bembo, Angehöriger einer der ältesten Patrizierfamilien von Venedig und Doktor der Rechte, der sich schon in anderen Gesandtschaften nach Spanien und Burgund bewährt hatte, war am 23. Dezember 1474 vom Dogen offiziell ernannt worden und hatte sich bald darauf auf den Weg nach Süden gemacht. Da ihn die burgundische Gesandtschaft drei Jahre lang von seiner Familie getrennt hatte, begleiteten ihn diesmal seine Frau Elena Morosini und seine beiden kleinen Kinder Pietro und Carlo. Die Entsendung Bembos folgte dem Bündnis, das Florenz und Mailand am 2. November 1474 mit Venedig nach langer Gegnerschaft geschlossen hatten.

Bernardo Bembo kam nicht zum ersten Mal in die Stadt am Arno. Er hatte Florenz schon in jungen Jahren besucht, als er 1455 die venezianische Gratulationsgesandtschaft zur Wahl Papst Calixtus' III. nach Rom begleitete, die auch in Florenz Station gemacht hatte. Einen besseren Einblick in das Leben der Stadt erhielt er zweifellos drei Jahre später, als er zusammen mit einem Studienfreund Florenz wiederum aufsuchte. Bembo war damals noch Student in Padua und während des Ausflugs in die Toskana hatte er unter anderem Gelegenheit, die prächtigen Aufzüge zu bewundern, die Florenz zum Johannisfest am 24. Juni traditionell zu veranstalten pflegte.

Er ging hier aber auch einer persönlichen Leidenschaft nach, der Suche nach antiken Handschriften. Bernardo Bembo hatte sich nicht nur durch ein langes juristisches Studium die nötige Kompetenz für die ihm als Patrizier offenstehende Teilnahme an den venezianischen Regierungsgeschäften verschafft, sondern sich zugleich auch eine solide humanistische Bildung angeeignet. Er las und schrieb mühelos Latein, kannte die antiken Autoren und pflegte von Jugend an Umgang mit Gelehrten und Dichtern, an denen in einer Universitätsstadt wie Padua kein Mangel war. Deshalb nahm er schon gleich nach seiner Ankunft in Florenz Kontakt zu den führenden Intellektuellen der Stadt auf. Er besuchte den Philosophen und Platon-Übersetzer Marsilio Ficino in seiner «Akademie» und lud ihn zusammen mit dessen Gönner Giovanni Cavalcanti und dem griechischen Gelehrten Demetrios Chalcondylas zu einem «platonischen» Gastmahl in sein Haus ein, bei dem das beliebte Thema der Unsterblichkeit der Seele diskutiert wurde. Allerdings konnte Ficino, der in den folgenden Jahren gut dreißig Briefe an ihn richtete, Bembo zu seinem Bedauern nicht zu dem von ihm propagierten Neuplatonismus bekehren, da dieser den in Padua gelehrten, auf Aristoteles beruhenden Averroismus nicht aufgeben wollte. So wenigstens stellt es der Philosoph dar.

Die Stadt, in die Bembo Anfang Januar 1475 kam, war indessen mit sehr viel profaneren Dingen beschäftigt, denn sie fieberte einem großen gesellschaftlichen Ereignis entgegen. Kurz nach der Verkündigung des Bündnisses, das in Florenz mit Enthusiasmus aufgenommen worden war, hatte die Stadt zu dessen Feier wieder ein Turnier ausgerufen, das im kommenden Karneval stattfinden sollte. Die Vorbereitungen dazu waren in vollem Gang, als Bembo sein Amt in der Stadt antrat. Als das Turnier am 29. Januar 1475 wie üblich auf dem Platz vor der Kirche Santa Croce ausgefochten wurde, befand sich auch der venezianische Gesandte unter den überaus zahlreichen Zuschauern.

Dreizehn Kämpfer nahmen am Wettstreit teil, unter ihnen drei auswärtige Adlige, die als Kriegsleute in derlei Kämpfen erprobt waren; bei den anderen handelte es sich wie üblich um junge Leute aus bekannten Florentiner Patrizierfamilien. Die Hauptperson war diesmal Giuliano de' Medici, Lorenzos jüngerer Bruder, dem, wie erwartet, der erste Preis zufiel. Wie damals, als Lorenzo den Sieg errungen hatte, stand auch jetzt das Turnier unter dem Zeichen der Liebe, wiederum wiesen die Impresen auf den Fahnen, Gewändern und Dekorationen auf die Liebe zu einer auserwählten Dame hin. Die Imprese, mit der Giuliano ins Feld zog, spiegelte jene wider, die auf Lorenzos Fahne zu sehen gewesen war, und bediente sich wie diese der üblichen Symbolik aus dem Repertoire der Liebespoesie. Oben war wieder eine Sonne dargestellt, auf die eine Frauengestalt, unter deren Füßen ein Feuer aus Ölzweigen brannte, den Blick richtete. Auf dem Kopf trug sie einen Helm, unter dem ihre in Zöpfe geflochtenen Haare hervorflatterten. In der rechten Hand trug diese «Pallas» – so nannte sie ein Chronist – eine Lanze, in der linken einen Schild mit dem Haupt der Medusa. Daneben auf blumiger Wiese nicht ein Lorbeer-, sondern ein Ölbaum, an den ein Cupido gefesselt war, dessen Bogen, Köcher und Pfeile zerbrochen auf dem Boden lagen.

Die Darstellung stiftete dennoch Verwirrung, selbst Bembo verstand sie nicht ganz und bat einen Literaten, der ihn begleitete, um Erklärung. Aber auch dieser gab nur ausweichend Antwort: Was der gefesselte Cupido und die drohende «Pallas» bedeute, darüber gebe es verschiedene Ansichten, und das sei eben das Schöne an solchen Rätselbildern. Es war wohl gerade die Neuartigkeit der bildlichen Darstellung, die antikisierende Aufmachung der Frau mit dem Helm, der Lanze und den flatternden Haaren, welche die Dechiffrierung erschwerte und an eine antike Göttin denken ließ. Dabei variierte die Komposition doch nur das immer gleiche alte Thema, das schon Petrarcas Gedichte inspiriert hatte, nämlich das der wehrhaften, Amor bezwingenden Tugend der Geliebten, der das Feuer der Leidenschaft nichts anhaben kann. Nicht Pallas Athene war auf der Fahne dargestellt, wie die Zuschauer vermuteten, sondern Giulianos Dame selbst in der Gestalt der Laura, wie sie dem Dichter in der Vision des *Triumphs der Keuschheit* (vv. 117 ff.) erschienen war: im weißen Gewand, in der Hand Minervas Schild, «der die Medusa versteinerte», daneben eine Säule aus Jaspis, an die sie mit einer Kette aus Diamanten und Topasen Cupido gebunden und so zugerichtet hat, «daß es für andre tausend Vergeltungen reicht».

Über die Identität von Giulianos Dame gab es dagegen im Publikum keine Zweifel. Es war stadtbekannt, daß der junge Medici der schönen Simonetta, der jungen Frau des Marco Vespucci, den Hof machte. Simonetta Cattaneo war keine Florentinerin. Sie stammte aus einer Genueser Kaufmannsfamilie, die ihre Geschäfte nach Piombino verlegt hatte, wo ihre Schwester sogar in die Familie der Herren der Stadt eingeheiratet hatte. Als Simonetta schon ein Jahr nach dem Turnier starb, löste ihr Tod große Bestürzung und eine Welle von Trauergedichten aus. Lorenzos diplomatischer Agent Sforza Bettini beschrieb diesem ihr Hinscheiden mit den Worten: «Man kann wirklich sagen, es war der zweite Triumph des Todes, denn wenn ihr sie so tot gesehen hättet, wie sie war, dann wäre sie Euch nicht weniger schön erschienen, als wenn sie am Leben gewesen wäre.» Lorenzo de' Medici nahm die Anspielung auf Petrarcas *Triumph des Todes* wieder auf, als er in seinem *Comento de' miei sonetti* das Begräbnis der schönen Toten beschrieb und dabei den Vers zitierte, der dort die Schilderung von Lauras Tod beschließt: «Schön schien der Tod auf ihrem schönen Antlitz» (I, v. 172). Petrarca stand auch bei Giulianos Liebesgeschichte Pate. Daß Giuliano allerdings wie sein Bruder auch Gedichte über seine Liebe schrieb, ist eher unwahrscheinlich. Giuliano war kein Mann der Feder, und wenn, dann ließ er von anderen schreiben. Ein lateinisches Epitaph auf Simonetta war, wie sein Verfasser Angelo Poliziano angab, gedanklich von Giuliano inspiriert. Auch ein Bildnis ließ er anscheinend nicht anfertigen, denn nach ihrem Tod flehte er die Vespucci an, ihm nicht nur Simonettas Kleider, sondern auch ihr Bild zu überlassen.

Bei den vielen Festen im Hause Medici, die auf das Turnier folgten, lernte Bernardo Bembo wahrscheinlich die junge Frau kennen, die er selbst zu seiner Dame erkor. Sie hieß Ginevra Benci und war eine Nichte jenes Bartolomeo Benci, der Marietta Strozzi gehuldigt hatte. Die Benci waren eng mit den Medici verbunden, denn Ginevras Großvater Giovanni hatte mit viel Geschick lange Jahre als Generaldirektor Cosimo de' Medicis Geschäfte geführt. Ihr Vater Amerigo war ein gebildeter Mann gewesen, aber gestorben, als Ginevra noch ein Kind war. Doch hatte ihre Familie sie Anfang 1474 dank ihrer guten Mitgift mit einem Witwer aus angesehener, wenn auch nicht allzu begüterter Familie verheiratet. Luigi Niccolini war doppelt so alt wie seine sechzehnjährige Braut, was aber nichts Ungewöhnliches in Florenz bedeutete. Er betrieb mit seinen Brüdern eine Wollenweberei, war ein treuer Anhänger der Medici und bekleidete 1478 sogar die üblichen zwei Monate lang das höchste Amt des Gonfaloniere di Giustizia. Ginevra war im Hause Medici ein gerngesehener Gast, wie sich einer von Angelo Poliziano erzählten Anekdote entnehmen läßt, die sie im heiteren Spiel mit den Medici-Kindern beschreibt. Ihre Beziehung zu den Medici war demnach so eng, daß sie an deren Familienleben teilnahm.

Das von Lorenzo de' Medici in Mode gebrachte Liebesritual muß Bernardo Bembo sofort fasziniert haben, denn obgleich seine Bildung eine humanistische Prägung hatte, war ihm doch wie allen Gebildeten Petrarca kein Unbekannter. Im Gegenteil. In Padua, wo er lange Zeit als Student gelebt hatte, war die Erinnerung an den großen Dichter, der in der Nähe der Stadt seine letzten Jahre verbracht hatte, immer wach geblieben. Nach dem Zeugnis seines Sohnes Pietro, der die große Petrarca-Renaissance begründen sollte, hatte Bembo einmal als junger Mann einen Ausflug nach Arquà gemacht und dort einen alten Bauern getroffen, der noch von einem Pelz wußte, auf dessen Haut der Dichter selbst geschrieben haben sollte. Bernardo hatte sich also schon als Student für Petrarca interessiert und besaß mehrere Handschriften von lateinischen Werken des Dichters, darunter die autographe des *Bucolicum carmen*, in dem eine Ekloge ebenfalls der Liebe zu Laura gewidmet ist. Spuren von einer direkten Lektüre des *Canzoniere* und der *Triumphi* finden sich in seinen Notizbüchern, in die er verschiedene Petrarca-Verse exzerptierte. Bei der Hin- oder Rückreise an den Hof des Herzogs von Burgund hatte Bembo vielleicht auch Avignon besucht, um nach den Spuren Petrarcas und Lauras zu suchen. Darauf deutet ein Eintrag von seiner Hand in einer anderen Petrarca-Handschrift hin, die allerdings erst viele Jahre nach der burgundischen Gesandtschaft in seinen Besitz gelangte. Hier heißt es etwas lapidar: «In Avignon. Auf dem Portal der Domkirche St. Maria junge, dem Rachen des Drachen ausgesetzte Mädchen aus der Gegend, davon eine mit dem Aussehen von Madonna Laura; Verse von Petrarca, die Fürbitte des hl. Ritters Georg erflehend.» Auch diese, wie schon erwähnt, nicht von Petrarca stammenden Verse, die das Fresko begleiteten, kopierte er; nur den Namen des Malers gibt er nicht an. Bembo besaß außerdem Bildnisse von Petrarca und Laura. Letzteres sollte nach dem Zeugnis eines späteren Besuchers des Hauses Bembo von einem «wahren» Bildnis Lauras in Avignon abkopiert worden sein. Kurz und gut: Bernardo

Bembo war ein Kenner und Verehrer Petrarcas, der das von dessen *Canzoniere* inspirierte Liebesspiel gerne mitspielte.

Direkte Berichte über seine «Affäre» mit Ginevra Benci sind nicht erhalten. Es ist aber anzunehmen, daß ihr Schauplatz der Medici-Palast war, das Zentrum allen gesellschaftlichen Lebens in Florenz, wo Ginevra ein und aus ging. Auch Bembo unterhielt mit Lorenzo de' Medici Beziehungen, die über die offiziellen seines Amtes weit hinausgingen. Er wurde später sogar verdächtigt, in Florenz die venezianischen Interessen von seinen privaten nicht streng genug geschieden zu haben. Unter Verdacht standen finanzielle Transaktionen, Kredite der Medici-Bank für Bembo, aber auch familiäre Gefälligkeiten wie die Bereitstellung eines Maultiers für Bembos Gemahlin oder das Geschenk eines Pferdchens an den kleinen Pietro, von dem dieser mit Rührung noch als Kardinal erzählte.

Das galante Spiel gab Anlaß zu einer Reihe von Gedichten, die zusammen mit einem Bildnis die einzigen erhaltenen Zeugnisse dieser Liebe bilden. Bembo hatte, wie schon gesagt, gleich nach seiner Ankunft in Florenz Kontakt zur geistigen Elite der Stadt aufgenommen und neben den Philosophen auch Literaten um sich geschart, vornehmlich solche, die ihre Verse auf lateinisch schrieben. Unter diesen trat vor allem Cristoforo Landino in ein engeres Verhältnis zu ihm. Landino war einer der bekanntesten Humanisten der Stadt, eng mit den Medici verbunden und lehrte seit längerem an der Universität, wo er seinen Studenten gewöhnlich die klassischen Autoren auslegte. In einem Jahr hatte er indessen auch Vorlesungen über Petrarcas *Canzoniere* gehalten, was zu Zeiten, da die vulgärsprachliche Literatur von den Humanisten desavouiert worden war, geradezu eine Sensation bedeutete. Lorenzo de' Medici hatte vielleicht unter seinen Zuhörern gesessen. Seit langem war Landino mit Marsilio Ficino befreundet, dessen neuplatonische Ideen er teilte. Seine lateinische Gedichtsammlung mit dem Titel *Xandra* hatte er Piero de' Medici, Lorenzos Vater, gewidmet. Xandra war der Name seiner besungenen, wohl kaum realen Geliebten, und in seinen Versen hatte Landino die Topik Petrarcas ziemlich wörtlich ins Lateinische übertragen; in einem Fall bildete er sogar die Form der Sestine nach. Landinos Liebeslyrik war also trotz der lateinischen Sprache vom Geist Petrarcas inspiriert. Für Bembo fertigte er eine eigenhändige Kopie der *Xandra* an und widmete ihm den kleinen, eleganten Band. Ebendiesem Exemplar fügte er auch die Elegien bei, die er über Bembos Liebe zur schönen Ginevra Benci geschrieben hatte.

Die mit mythologischen Themen überfrachteten Kompositionen haben nur geringen Realitätsgehalt. Zwar wird auf die erste, schicksalhafte Begegnung im Hause eines Gastgebers, mit dem sicherlich Lorenzo gemeint war, angespielt und von Gesprächen und Spielen gesprochen («wenn sie spielte, machte sie das Spiel anmutig, wenn sie sprach, schienen die Grazien zu sprechen»), doch beschreibt der Autor trotz aller Bemühung des antiken Götterhimmels Ginevras Aussehen ganz nach den petrarkesken Stereotypen: ein Hals wie Schnee, Lippen wie rote Frühlingsblumen, die Stirn schneeweiß, Zähne wie Elfenbein, dunkle Augen und rosenfarbige Wangen. Auch wird unterstellt, daß Ginevra nicht ganz unberührt von Bembos Liebe, seinem Adel und seinen Verdiensten geblieben sei. Sie soll sogar gewünscht haben, von der illustren venezianischen Familie adoptiert zu werden. Der Austausch von wenigen Buchstaben, meinte der Autor, würden aus der «Bencia» leicht eine «Bemba» machen – Wortspielereien, hinter denen sich schwerlich Reales verbirgt.

Landino betont mehrfach in seinen Versen den absolut keuschen Charakter dieser Liebe. Nichts Obszönes, keine Wollust, versichert der Dichter, sei ihr beigemischt, das «keusche Ehebett» nie entehrt worden. Vielmehr sei Bembos Liebe von der Art, wie sie Platon beschrieben habe: Wie dieser lehre, werde die Liebe von der Schönheit entfacht, da aber die Schönheit zugleich auch das Gute beinhalte, verbinde sie sich unauflösbar mit der Tugend, und deshalb könne die Liebe ihrer Natur nach nicht unzüchtig sein. Es handelte sich also nach Landinos Darstellung um eine, wie man heute noch sagt, «platonische» Liebe, wie sie Marsilio Ficino in seinem berühmten Kommentar zu Platos *Gastmahl* definiert hatte. Trotz des üppigen Rückgriffs auf die klassische Mythologie vergaß Landino nicht, auch Petrarca ins Spiel zu bringen. Es sei zu bedauern, schrieb er an einer Stelle, daß Ginevra nicht der «Eloquenz» dieses Dichters begegnet sei, da sie doch an Sittsamkeit und Schönheit sogar Laura übertreffe. Auch hinter Ginevra taucht also Lauras Schatten auf.

Es ist in diesem Zusammenhang zu erwähnen, daß Bembo eine Handschrift von Ficinos *Commentarium in Convivium Platonis de amore* besaß. Ob es als Geschenk des Autors oder durch Kauf in seine Bibliothek gelangte, ist nicht mehr festzustellen. Bembo versah sie mit Randglossen. In einer zitiert er wörtlich die Anfangsverse einer der Elegien Landinos, in denen die Reinheit und platonische Natur der Liebe zu Ginevra Benci hervorgehoben werden. Ein paar Seiten danach nennt er in einer weiteren Randnotiz zum ersten und einzigen Mal Ginevras Namen. Die Glosse bezieht sich auf Cristoforo Landino selbst, der an dieser Stelle in Ficinos Text erwähnt wird. Landino habe ihn, merkt Bembo an, während seines Aufenthaltes in Florenz zum Paten seines Sohnes gemacht und dort auch Ginevra Benci, «die schönste der Frauen, berühmt auch wegen ihrer Tugend und Sittsamkeit», mit eleganten Versen gepriesen.

Auch andere Florentiner Literaten schrieben lateinische Verse über Bembos Liebe. Alessandro Braccesi verfaßte vier Epigramme, von denen eines eine hübsche Anekdote erzählt. Man könnte sie fast für wahr halten. Der Autor begegnete Ginevra vor der Kirche der

Allerheiligsten Annunziata, wo auch Lucrezia Donati Lorenzos Freund begegnet war. Aber es herrschte keine Karfreitagsstimmung, im Gegenteil. Als Ginevra ihn sah, ließ sie ein Veilchensträußchen fallen in der Gewißheit, daß Braccesi es aufheben und Bembo bringen würde – Veilchen, die, wie es heißt, «die Nymphe Bencia am Busen trug». Doch dürfte es sich bei dieser anmutigen Szene wohl kaum um einen realen Vorfall gehandelt haben als vielmehr um eine poetische Fiktion. Das Mädchen mit dem Veilchensträußchen war ein schon in der Antike gebräuchliches Motiv und erfreute sich auch in der florentinischen Liebesdichtung der Zeit großer Beliebtheit.

Es fragt sich, ob Ginevra die vielen Verse zu ihrem Lobpreis kannte und gelesen hat. Sie verstand wahrscheinlich kein Latein, denn Florentiner Mädchen, auch solche aus guten Familien, erhielten gewöhnlich keinen Lateinunterricht. Dennoch ist es kaum vorstellbar, daß Bembo die Gedichte unter Verschluß hielt. Er ließ sie wahrscheinlich in gesellschaftlicher Runde vortragen, und wenn Ginevra sie nicht verstand, dann wurden sie ihr sicher übersetzt. Ginevra war nicht ungebildet. Sie schrieb, wie es scheint, sogar selber Verse, wie sich aus einem Brief erschließen läßt, der viele Jahre später aus Rom an sie gerichtet wurde. Der Briefschreiber war ein junger Florentiner und Klient der Familie Benci, der in Rom im Dienst eines Kirchenfürsten Karriere zu machen hoffte. Im Brief erzählt er, wie er sich eines Tages in ein Gespräch mit der Tochter Papst Innozenz' VIII. und einer anderen hohen Dame verwickelt fand, bei dem über die Vorzüge der Frauen geplaudert wurde. Als dabei die Rede auf die Florentinerinnen kam, habe er, so schrieb er, deren Sitten, Eleganz und feine Art des Gesprächs in höchsten Tönen gepriesen und als leuchtendes Beispiel Ginevra angeführt. Das Resultat sei gewesen, daß die päpstlichen Damen Ginevras «Worte» nun unbedingt kennenlernen wollten, weshalb er sie bitte, ihm eine bestimmte

Sestine zu schicken, deren Abschrift er daheim zurückgelassen habe. Um Mißverständnissen vorzubeugen, zitierte er deren Anfangsvers: «Chieggio merzede e sono alpestro tygre» – Ich fleh' um Gnade und bin ein wilder Tiger.

Bernardo Bembo ließ seine Liebe nicht nur von den florentinischen Literaten preisen, sondern hielt sich auch an die zweite Regel des von Lorenzo de' Medici eingeführten Liebesrituals, indem er ein Bildnis von Ginevra malen ließ (Tafel 2a). Damit beauftragte er einen damals noch ziemlich unbekannten Maler mit dem Namen Leonardo da Vinci. Daß Bernardo Bembo der Auftraggeber dieses berühmten Gemäldes war, dokumentiert unmißverständlich sein Emblem auf der Rückseite des Bildes. Es bestand aus einem Lorbeer- und einem Palmzweig, die zum Kreis gefügt waren. Als eine Art Exlibris findet es sich auch in mehreren Handschriften aus seinem Besitz. Manchmal umrahmen die Zweige das Familienwappen, in anderen Fällen ist in der Mitte Bembos persönliches Motto «Virtus et honor» – Würde und Ehre – eingeschrieben (Abb. Seite 52); auch andere Kombinationen kommen vor. Weithin sichtbar erscheint das Emblem zum Beispiel in der Lünette des von Bembo restaurierten Dante-Grabs in Ravenna. Der Wahlspruch ist hier jedoch im Dativ dekliniert und bezieht sich somit auf den großen Dichter.

Auf der Rückseite von Ginevras Bildnis ist das Emblem wiederum abgewandelt. Zwischen den beiden zueinanderstrebenden Zweigen steht auf einem flatternden Band, dessen Enden links und rechts um die Zweige gerollt sind, ein anderes Motto geschrieben, das nur das erste Wort von Bembos Wahlspruch, und zwar im Akkusativ, übernimmt: «Virtutem forma decorat» – die Schönheit ziert die Tugend (Tafel 2b). Es drückte genau das aus, was Ficino gelehrt hatte, daß nämlich Schönheit und Tugend unauflösbar zusammengehörten und auch in der Person Ginevras verbunden waren. Das Band

Persönliche Imprese Bernardo Bembos, Eton, Cod. Eton College, 156, c. III v

mit dem neu formulierten Wahlspruch umschlingt in der Mitte einen kleinen Wacholderzweig, der unmißverständlich auf ihren Namen verweist, denn auf italienisch heißt der Wacholder «ginepro». In dieser Form scheint das Emblem geradezu den angeblichen Wunsch Ginevras nach Aufnahme in die Familie Bembo zu visualisieren, von dem Landino spricht.

Als Bembo beschloß, ein Bildnis seiner im wahrsten Sinne platonischen Geliebten malen zu lassen, um den Regeln Genüge zu tun, wandte er sich an die Werkstatt Verrocchios, wo auch Lorenzo de' Medici das Bildnis von Lucrezia Donati hatte malen lassen. Es war ein vielseitiger Betrieb, der Kunst- und Dekorationswerke aller Art zu liefern imstande war. Andrea del Verrocchios persönliche Stärke war die Skulptur, weshalb er malerische Aufträge gern seinen Schülern und Gehilfen überließ. Unter diesen befand sich seit einigen

Jahren auch der junge Leonardo da Vinci, der hier auf Wunsch seines Vaters eine gediegene Ausbildung in allen Sparten der Kunst erhalten sollte, um seinem überschäumenden künstlerischen Talent eine solide handwerkliche Grundlage zu geben. Leonardo hatte sich schon 1472 in die Malergilde eingeschrieben, was ihm wahrscheinlich eine gewisse Unabhängigkeit gegenüber seinem Meister gab und ihm erlaubte, trotz seines Verbleibens in der Werkstatt eigene Aufträge auszuführen. Vielleicht war Bembos Auftrag ein solcher. Dieser erging zweifellos während dessen erster Gesandtschaft nach Florenz, die im April 1476 endete, und nicht während der zweiten, die vom Sommer 1478 bis zum Frühjahr 1480 dauerte. Denn während der erste Aufenthalt noch ganz unter dem Zeichen heiterer Feste und Spiele stand, war der zweite von bedrückenden Ereignissen überschattet. Im April 1478 war Giuliano de' Medici, der mit seinem Turnier zu so vielen gesellschaftlichen Vergnügungen Anlaß gegeben hatte, bei der Verschwörung der Pazzi ermordet worden. Angeschlossen hatte sich ein Krieg, in dem Florenz im Bund mit Mailand und Venedig gegen den Papst und den König von Neapel kämpfte. Bembos Auftrag bestand bei der zweiten Mission vor allem darin, die Kriegsoperationen und die venezianischen Hilfstruppen zu überwachen. Niemand hatte zu dieser Zeit Lust zu feiern; selbst die Familie Medici mußte vor den Gefahren des Krieges, denen sich auch die Pest zugesellte, aus der Stadt fliehen. Es ist unwahrscheinlich, daß Bembo damals die Muße hatte, sich so intensiv der Liebe zu Ginevra Benci zu widmen.

Das Bildnis, das Leonardo von Ginevra Benci malte, war in mancher Hinsicht revolutionär. Die junge Frau ist nicht im Profil dargestellt, wie es bisher in Florenz bei Frauenbildnissen üblich war, sondern wendet ihr Gesicht dem Betrachter zu. Auch ist sie nicht wie sonst gewöhnlich in einen häuslichen Rahmen oder geschlossenen

Raum gestellt; sie befindet sich vielmehr in freier Natur. Hinter ihr verstellen dichte stachlige Wacholderbüsche, die auf ihren Namen verweisen und den Kopf wie eine Aureole umgeben, den Blick in die Ferne. Rechts neben ihr aber öffnet sich eine weit in die Tiefe gehende Landschaft. Zwischen sanft abfallenden Hügeln schlängelt sich ein ruhiges Flüßchen, in dem sich die Bäume und Büsche am Ufer spiegeln, in der Ferne tauchen aus dem bläulichen Dunst die Türme einer Stadt auf, zartblaue Berge zeichnen sich am äußersten Horizont ab. Der hellere Streifen über den fernen Bergen, der auch zwischen den Wacholderbüschen durchscheint, bestimmt als Tageszeit den späten Nachmittag, wenn die Sonne untergeht.

Vor diesem Pflanzen- und Landschaftshintergrund erblicken wir eine zarte, junge Frau mit einer Haut wie Porzellan und einem rosafarbenen Hauch auf den Wangen. Ihr Kopf ist etwas weniger als der Oberkörper nach rechts gedreht, so daß sie fast frontal aus dem Bild blickt. Das Gesicht ist mit Hilfe einer ungemein nuancierten Farbschattierung plastisch modelliert, die Umrisse sind klar gezeichnet. Unter den feinen Brauen und den etwas schweren Lidern scheinen die braunen, nicht ganz symmetrisch stehenden Augen am Betrachter vorbeizusehen. Der Blick ist abwesend. Auf den rotblonden Löckchen, die das runde Gesicht mit dem etwas kurzen Kinn umrahmen, und dem übrigen, glatten Haar, das am Hinterkopf von einem Häubchen zusammengehalten wird, spielt goldenes Licht. Kein Lächeln liegt auf dem Gesicht. Der Mund mit der vollen Unterlippe verleiht der Dargestellten einen fast schmollenden Ausdruck. Ginevra trägt ein einfaches, vorne zugeschnürtes braunes Kleid, darunter ein linnenes, weißes Unterhemd, das ein Knopf zusammenhält, über den Schultern liegt ein dunkler, schmaler Schal. Den einzigen Schmuck bildet die feine Goldborte, die den Ausschnitt des Kleides ziert. Die Kleidung ist dem ländlichen Ambiente angemessen.

Heute hat Leonardos Bildnis die Form eines Brustbildes, denn die Arme sind wie bei einer Büste kurz unter dem Armansatz abgeschnitten. Dies war jedoch nicht seine ursprüngliche Form, denn das Gemälde wurde in einer unbestimmten Zeit, als Feuchtigkeit den unteren Teil zerstört hatte, verkürzt und später wieder etwas angestückelt. Vermutlich hatte Leonardo Ginevra als Halbfigur dargestellt, das heißt mit Armen und Händen. Wie diese angelegt waren, ist nicht mehr zu erraten.

In der Überlieferung wird Ginevras Bildnis zum ersten Mal von Antonio Billi erwähnt, einem Florentiner, der zwischen 1516 und 1525 Nachrichten über die Künstler seiner Heimatstadt sammelte. In seinem Notizheft schrieb er: «(Leonardo) malte ein Bildnis von Ginevra, der Tochter des Amerigo Benci, auf eine so vollendete Art, daß sie selbst nicht anders war.» Ein weiterer Autor, der sogenannte «Anonimo Gaddiano», der um 1540 die Aufzeichnungen Billis übernahm und erweiterte, drückte es noch klarer aus: «Er malte in Florenz das Bildnis der Ginevra, Tochter des Amerigo Benci, das er so gut ausführte, daß es kein Bildnis, sondern Ginevra selbst zu sein schien.» Beide legten also den Akzent auf die Ähnlichkeit des Bildes mit der abgebildeten Person und sprachen damit ein hohes ästhetisches Lob aus. Das Urteil beruhte indessen nicht auf einem direkten Vergleich mit dem lebenden Modell, denn keiner von ihnen dürfte Ginevra gekannt haben, und wenn doch, dann nicht als die junge Frau, die Leonardo gemalt hatte. Es ist sogar ungewiß, ob sie das Bildnis überhaupt sahen. Aber ihre Worte bezeugen, daß es schon damals sehr berühmt war.

Dem Eindruck, ein lebenswahres Porträt vor uns zu haben, können auch wir uns nicht entziehen. Das Gesicht strahlt nicht jene überirdische, Liebe inspirierende Schönheit aus, wie es der von Ficino propagierten und den Literaten übernommenen Lehre entsprochen hätte. Die Ginevra Benci, die Leonardo malte, ist keine abstrakte Verkörperung der Schönheit, sondern eine junge Frau, festgehalten im Bild mit den Stimmungen ihrer Seele. Denn Ginevra scheint verärgert darüber zu sein, daß sie für das Bild Modell sitzen muß. Ihr Mund drückt Unmut aus, ihr Blick gleitet am Betrachter vorbei. Sie wendet sich innerlich ab. Es ist, als wollte sie sagen: Was wollt ihr von mir? Ich habe mit dem ganzen Liebesgetue nichts zu tun. Ginevra will nicht das passive Objekt der fingierten Leidenschaft sein, mit der man sie umgab. Sie entzieht sich dem frivolen Gesellschaftsspiel, das sie in eine zwielichtige Lage bringt. So malte sie mit der ihm eigenen Einfühlungsgabe Leonardo da Vinci, der sich sein Leben lang über die Regeln der Gesellschaft hinwegsetzte. Er ist Ginevras Verbündeter, und vielleicht auch deshalb konnte er sie sich nicht in einem geschlossenen Raum, sondern nur in der freien Natur vorstellen, fern von Florenz, dessen Türme sich weit im Dunst des späten Nachmittags abzeichnen.

Eine Neigung, sich dem Leben der Stadt mit seinen Festen und Vergnügungen zu entziehen, scheint Ginevra tatsächlich gehabt zu haben. In einem gewissen Moment nämlich richtete Lorenzo de' Medici zwei Sonette an sie, in denen er sie mit Hinweis auf die biblische Parabel als das verlorene Schäfchen anspricht, das in «heiligem und glücklichem Wahn» zur Verwunderung aller der Stadt mit ihren Lastern den Rücken gekehrt hat, um sich nur noch dem Seelenheil zu widmen. Was war geschehen? War Ginevra des ganzen gesellschaftlichen Treibens so überdrüssig geworden, daß sie aufs Land flüchtete? Hatte sie die intensive Verehrung auch als etwas Unziemliches empfunden? Lorenzo fand für diesen unerwarteten Rückzug nur die Erklärung eines plötzlichen religiösen Wahns. Aber im einzigen Vers, der von ihr überliefert ist, bezeichnet Ginevra sich nicht als verlorenes Schäflein, sondern als wilden Tiger, der um Verzeihung bittet. Wofür? Daß sie der Stadt mit ihren Festen entflohen ist? War die verlorene Sestine eine Antwort auf Lorenzos Sonette? Die Indizien sind labil, aber sie stimmen doch gut mit der Sprödigkeit überein, die Leonardo als ihren charakterlichen Hauptzug so meisterhaft auf ihrem Bildnis wiedergegeben hat – im Ausdruck ihres Gesichtes wie in den stachligen Blättern der mächtigen Wacholderbüsche, die ihren Namen symbolisieren.

Was aber geschah mit dem Bildnis? Bembo nahm es jedenfalls nicht mit nach Venedig, denn in der Gemäldesammlung der Familie Bembo wird es nicht erwähnt. Isabella d'Este, die kunstsinnige Markgräfin von Mantua, hätte es sich sicher ausgeliehen, wenn die Bembo ein Bild des inzwischen berühmten Leonardo besessen hätten. 1502 wandte sie sich an Bernardos Sohn Carlo mit der Bitte, ihr eine Reihe von Gemälden zu schicken, um sie kopieren lassen zu können. Auch ein Besucher der Sammlung, der sie etwas später beschrieb, erwähnt es nicht. War es vielleicht noch nicht fertig, als Bembo Florenz verließ? Schenkte er es Ginevra? Oder hatte er es nur nicht bezahlt? Die Fragen bleiben.

Das Bildnis blieb jedenfalls in Florenz, im Besitz Ginevras oder ihrer Familie, mit der Leonardo in freundlichen Beziehungen stand, denn als er 1482 nach Mailand ging, ließ er ein unvollendetes Gemälde und andere Gegenstände in Verwahrung der Benci zurück. Ginevra starb kinderlos um das Jahr 1521 im Haus ihres Bruders Giovanni, ihr Gemahl Luigi Niccolini war damals schon seit langem tot. Nach dem Aussterben der Familie Benci Anfang des 17. Jahrhunderts gelangte ihr Bildnis durch Kauf in die Sammlung der Fürsten Lichtenstein, die es 1967 an die National Gallery in Washington verkauften.

Ludovico Sforza und Cecilia Gallerani 4

Im Februar und März 1487 hatte Piero Alamanni, der Florentiner Gesandte in Mailand, Mühe, seine diplomatischen Aufträge auszuführen, denn Ludovico Sforza, wegen seiner dunklen Hautfarbe genannt «il Moro», Herzog von Bari und Regent des Herzogtums für seinen unmündigen Neffen Gian Galeazzo, war zur Zeit nicht zu sprechen. Er feierte Karneval in seinen Villen und wollte mit den politischen und persönlichen Problemen Lorenzo de' Medicis nicht belästigt werden. Am 8. März beschrieb der Gesandte Lorenzo die Lage mit folgenden Worten: «Der Herr Ludovico ... hat über das für ihn Gewohnte hinaus in der letzten Zeit fortgesetzt Feste gefeiert und sich jeden Tag ein neues Kostüm machen lassen, um sich zu verkleiden, und noch viele sehr schöne Dinge andrer Art. Seine Exzellenz hat mir schon zweimal gesagt, daß ich Euch das schreiben und Euch sagen solle, daß seine Exzellenz wieder verliebt sei. In der Tat scheine es ihm, daß sein Sinn mehr als sonst üblich auf viele anmutige und würdige Dinge gerichtet sei, was, wie er glaube, nur von der neuen Liebe herkommen könne.» Und dann fügte der Gesandte noch hinzu: «Jetzt sind wir bei Sonetten und ähnlichen Dingen angelangt.»

Alamanni entschuldigte sich, ein solches, wie er meinte, wenig ernsthaftes Thema zu berühren. Lorenzo de' Medici antwortete indes umgehend. Er wiederholte seinen Auftrag, mit Ludovico Sforza über die geplante Heirat seiner Tochter mit dem Sohn Papst Innozenz' VIII. und andere wichtige politische Angelegenheiten zu sprechen, und beschloß seinen Brief mit einer herzlichen Gratulation, die er Alamanni bat, Sforza zu übermitteln. Nichts könne ihn mehr freuen als diese neue Liebe des Herrn Ludovico, besonders da sie bis jetzt ganz glücklich und voller Süße sei. Er mahne ihn, darin zu verharren, weil er so mit größerer Freude leben könne und diese Liebe zur Verfeinerung seines Geistes beitragen werde. Zwar habe die Erfahrung andrer Liebenden gelehrt, daß auf einen frohen Anfang oft leidensvollere Zeiten folgten, doch solle Ludovico trotz dieser Gefahr nicht von den edlen Vorsätzen abweichen. Zur Erläuterung dieser negativen Erfahrung führte Lorenzo zwei Verse von Petrarca an, von denen der eine besagte, daß tausend Vergnügen keine einzige Qual aufwiegen könnten, der andere, daß die Welt nichts Gutes biete, das jenes Übel (das heißt die Liebesqual) ausgleiche.

Wie Piero Alamanni es beschrieb und Lorenzo de' Medici es treffsicher interpretierte, handelte es sich bei der neuen Liebe des «Moro» um die gleiche Art von Leidenschaft wie jene, die Lorenzo selbst erlebt hatte, als er mit Festen und Sonetten à la Petrarca die schöne Lucrezia Donati umwarb. Nicht daß dieser Dichter in Mailand ein Unbekannter gewesen wäre. Schon Ludovicos Großvater mütterlicherseits, Herzog Filippo Maria Visconti, hatte ja, wie schon erwähnt, den Humanisten Francesco Filelfo mit einem Kommentar zu dessen *Canzoniere* beauftragt, und Ludovico selbst, der eine sorgfältige Erziehung genossen hatte, hatte Petrarcas Gedichte sicherlich gelesen. Aber es war ihm zweifellos auch bekannt, daß erst Lorenzo de' Medici das darauf fußende Liebesritual in Mode gebracht hatte, und wollte sich nun ihm gegenüber rühmen, daß auch er seiner Leidenschaft diese elegante Form zu geben wußte.

Ludovico Sforza kannte Lorenzo seit langem persönlich. Schon 1471 hatte er seinen Bruder, Herzog Galeazzo Maria, nach Florenz begleitet und war dort Gast im Hause Medici gewesen. Der Herzog selbst hatte schon als fünfzehnjähriger Jüngling die Gastfreundschaft der Medici erfahren und bei dieser Gelegenheit seinem Vater Francesco Sforza in einem enthusiastischen Brief die unerhörte Pracht von Cosimo de' Medicis neuem Palast beschrieben. Galeazzo Maria war im Dezember 1476 ermordet worden. Im folgenden Streit um die Regentschaft für seinen unmündigen Sohn Gian Galeazzo war Ludovico Sforza der Herzoginwitwe Bona von Savoyen unterlegen und 1477 aus dem Herzogtum verbannt worden. Als Exil wurde ihm Pisa angewiesen, wo er reichlich Gelegenheit zu Begegnungen mit Lorenzo de' Medici hatte, der sich oft und gerne in dieser Stadt aufhielt. Im Zuge des Pazzi-Krieges kehrte er 1479 gewaltsam nach Mailand zurück, entmachtete seine Schwägerin und war seitdem der wahre Herrscher im Herzogtum. Auch Lorenzo war mehrmals in Mailand gewesen und hatte Ludovico zuletzt 1484 auf dem Friedenskongreß der italienischen Mächte in Cremona getroffen, als er dort Florenz offiziell vertrat. Auf kulturellem Gebiet, das heißt in der Aneignung der künstlerischen Formen der Renaissance wie auch im Gebrauch der toskanischen Leitsprache, war Mailand noch etwas rückständig. Lorenzo und Florenz stellten deshalb für Ludovico Sforza ein Vorbild in Fragen der Kunst und des Geschmacks dar.

Auch Leonardo da Vinci soll einer Überlieferung nach im Auftrag von Lorenzo de' Medici nach Mailand gegangen sein, um Ludovico Sforza ein Musikinstrument zu überbringen – eine Lyra, wie es heißt, «in deren Spiel er einzigartig war». So berichtet es eine spätere Quelle. Hier heißt es auch, daß Leonardo damals dreißig Jahre alt gewesen sei. Folglich hätte er sich 1482 nach Mailand begeben, ob tatsächlich auf Veranlassung Lorenzo de' Medicis, ist allerdings nicht sicher belegt. Wahrscheinlich hoffte Leonardo, in Mailand günstigere Arbeitsbedingungen zu finden. Florenz lag erschöpft am Boden nach dem verheerenden Pazzi-Krieg, für frohe Feste fehlte die Stimmung und für künstlerische Aufträge das Geld. Auch war Leonardo 1481 nicht wie andere Florentiner Maler nach Rom eingeladen worden, um an der Ausschmückung der Sixtinischen Kapelle mitzuwirken. An einem Fürstenhof wie dem mailändischen glaubte er mit gutem Grund, mehr Anerkennung für seine weitgespannten künstlerischen, wissenschaftlichen und technischen Fähigkeiten zu finden.

Es ist sicher nicht ohne Bedeutung, daß die Überlieferung Leonardo mit einem Musikinstrument nach Mailand ziehen läßt, dazu mit einem ganz ungewöhnlichen, von ihm selbst erfundenen, wie Giorgio Vasari in seiner «Vita» Leonardos berichtet. Dieser «Vita» zufolge, die schon viele legendenhafte Elemente enthält, soll die Lyra, ein zur Begleitung von Gesängen dienendes Streichinstrument, die Form eines Pferdeschädels gehabt und zu einem großen Teil aus Silber bestanden haben, um die Resonanz zu verstärken, weshalb Leonardo in Mailand gleich einen musikalisch-poetischen Wettbewerb am Hof gewonnen habe. Ob ein solch wunderliches Instrument spieltauglich war, steht dahin; wahrscheinlich klingt in der Beschreibung die Erinnerung an Leonardos unerschöpfliche und oft bizarre Erfindungsgabe nach. Jedoch geben auch andere Biographen an, daß Leonardo ein ausgezeichneter Musiker und Sänger war, der sich selbst auf dem Instrument begleitete und auch glänzend zu improvisieren verstand. Überhaupt, schreibt Paolo Giovio, sei er ein hervorragender Erfinder von Lustbarkeiten und Theaterspielen und ein Meister des Geschmacks gewesen – Fähigkeiten, die an einem Hof sehr gefragt waren.

Dennoch gefiel sich Leonardo offenbar wenig in der Rolle als Animator von höfischen Spektakeln und bot Ludovico Sforza seine Dienste als Meister in der Herstellung von Kriegsgerät und für die Friedenszeiten als Architekt, Wasserbauer, Skulpteur und Maler an. Der

Entwurf eines solchen Briefes ist unter seinen Handschriften erhalten, ob er abgeschickt wurde und wann, ist ungewiß. Zu Beginn seines Aufenthaltes in Mailand scheint Leonardo Mühe gehabt zu haben, am Hof Fuß zu fassen, denn er schloß sich zunächst der einheimischen Künstlerwerkstatt der De Predis an. Zusammen mit Evangelista und Ambrogio De Predis erhielt er im Frühjahr 1483 von der Bruderschaft der Unbefleckten Empfängnis Mariens den Auftrag, für deren Kapelle in der Kirche San Francesco Grande ein größeres Altarbild auszuführen, dessen zentrale Tafel, die berühmte *Vergine delle Rocce* (heute im Musée du Louvre in Paris), sein Werk ist. 1485 erhielt er erstmals von Ludovico Sforza auch einen Auftrag für ein Madonnenbild, ein Genre, für das seine Werkstatt sich offenbar eine gewisse Reputation in Mailand erworben hatte.

Etwa in der gleichen Zeit wie Leonardo gelangte ein anderer Florentiner nach Mailand, um hier sein Glück zu versuchen. Bernardo Bellincioni war gleichaltrig mit Leonardo, aber kein bildender Künstler, sondern ein Literat. Aus armer Familie stammend, hatte er bald, wie so viele seines Metiers, Protektion im Hause Medici gefunden und pflegte seinen Dank gern in Lobgedichten auf die Mitglieder der Familie auszudrücken. Hin und da benutzte ihn Lorenzo de' Medici auch für kleinere politische Missionen, doch brachte die schwierige politisch-ökonomische Lage auch ihn dazu, Florenz den Rücken zu kehren. 1483 kam er nach ein paar vergeblichen Versuchen, neue Gönner zu finden, nach Mailand und scheint schon bald den Weg zum Hof gefunden zu haben. Während er wie sein Freund Luigi Pulci, der Autor des *Morgante*, in Florenz gerne im burlesken Ton gedichtet hatte, verlegte er sich nun in Mailand ganz auf das Genre des poetischen Lobpreises, dessen Adressaten vor allem die Mitglieder der Herrscherfamilie und andere hochgestellte Persönlichkeiten waren. Er schrieb auch den Text zu einem der prächtigsten Feste, die in jenen

Jahren veranstaltet wurden, dem «Paradiesfest», das im Januar 1490 im großen Saal des Mailänder Schlosses anläßlich der Hochzeit Gian Galeazzo Sforzas mit Isabella d'Aragona, der Tochter des neapolitanischen Thronfolgers, stattfand. «... und es heißt Paradiesfest», merkte Bellincioni an, «weil dort mit dem großen Erfindergeist und der Kunst Meister Leonardos aus Florenz das Paradies aufgebaut ist, das sich dreht ...» Es handelte sich um eine komplizierte, funkensprühende Theatermaschine, auf der sich die sieben Planetengötter im Kreis bewegten. Dies ist das erste Mal, daß Leonardo als Erfinder und Ausstatter von Festen am Hof erwähnt wird.

Zum ersten Mal ist bei dieser Gelegenheit auch die Zusammenarbeit zwischen Leonardo und Bellincioni bezeugt. Wahrscheinlich aber kannten sich die beiden Florentiner bereits länger, womöglich schon aus der Heimat, und vielleicht hatte Bellincioni Leonardo am Hof eingeführt. Bellincioni erwähnt Leonardo verschiedentlich in seinen Gedichten, so auch in einem längeren poetischen Werk, das auf das Jahr 1487 datiert werden kann. Als «neuen Apelles aus Florenz» nennt er ihn hier unter den illustren Geistern, die, wie er schrieb, den Hof des jungen Herzogs Gian Galeazzo zu einem neuen Parnaß machten. Also schon drei Jahre vor dem «Paradiesfest» verkehrte Leonardo als bewunderter Künstler am Hof. Unter Bellincionis zahlreichen Sonetten aus der Mailänder Zeit findet sich auch eines, das sich mit einem Gemälde Leonardos beschäftigt. Es ist überschrieben: «Sopra il ritratto di Madonna Cecilia qual fece Leonardo da Vinci» – über das Bildnis der Madonna Cecilia, das Leonardo da Vinci malte.

Bellincioni gestaltete das Sonett in der Form eines Zwiegesprächs mit der Natur, die neidisch auf die Kunst Leonardos ist, weil der Maler ihren «Stern» nachgeahmt hat. Der Dichter gibt der Natur jedoch zu bedenken, daß die größte Ehre ihr selbst gebühre, da Cecilia ihr eigenes Werk sei, ungeachtet dessen, daß der Maler sie auf seinem Gemälde so täuschend ähnlich darstellte, daß sie sogar zuzuhören scheint. Das Werk des Künstlers werde ihr aber auch später noch Ruhm einbringen, und dafür müsse sie Ludovico und «Leonardos Talent» dankbar sein, denn dank der «Lebendigkeit» der Darstellung werde auch die Nachwelt an Cecilias Schönheit teilhaben und den Unterschied zwischen der Natur und der Kunst erkennen können. Der Gedankengang ist zwar etwas gewunden, und wenn er einerseits Ideen Leonardos widerspiegelt, so ist nicht zu überhören, daß hier auch Petrarcas Sonette über Simone Martinis Bildnis der Laura nachklingen. Freilich muß der Maler nun nicht mehr ins himmlische Reich der Ideen aufsteigen, um die wahre Schönheit einzufangen, denn Cecilia ist ein Geschöpf der Natur, und das Verdienst des Malers besteht darin, die Schönheit dieses Geschöpfes nachzubilden und auch für die Nachwelt zu erhalten. Das vorgetäuschte Leben und das scheinbare Zuhören aber sind Motive, die, wie auch andere, eindeutig Petrarcas Sonetten entstammen.

Bei dem von Bellincioni gepriesenen Bildnis Leonardos, als dessen Auftraggeber Ludovico Sforza im Sonett ausdrücklich genannt wird, handelt es sich, wie allgemein angenommen wird, um die heute im Czartoryski Muzeum in Krakau bewahrte «Dame mit dem Hermelin», bei der von Bellincioni genannten «Madonna Cecilia» um Cecilia Gallerani, die einige Jahre lang die Geliebte Ludovico Sforzas war (Tafel 3). Das kleinformatige Bild (ca. 41 × 55 cm) zeigt eine sehr junge Frau, fast noch ein Mädchen, deren schmaler Kopf mit den zarten, doch ausgeprägten Gesichtszügen mit dem kräftigeren Oberkörper und der übergroßen rechten Hand kontrastiert, die sanft das Hermelin auf ihrem Schoß am Rücken faßt. Sie sitzt auf einem Stuhl, von dem nur rechts unten ein kleines Stück der Lehne sichtbar ist. Während der Oberkörper nach links gedreht ist, wendet sie den Kopf in entgegengesetzter Richtung fast parallel zur Schulter nach rechts, von wo aus das Licht auf sie fällt. Sie scheint zu jemandem hinzublicken, der außerhalb des Bildes steht, wie auch das Tier auf ihrem Arm, das angespannt mit aufgerecktem Kopf und Pfote in dieselbe Richtung strebt. Mit Bellincionis Sonett in der Hand ist es leicht, in dieser Person den Auftraggeber, Ludovico Sforza, zu erkennen, der so auf auf geniale Weise in das Bild miteinbezogen wird. Aber Cecilias Lächeln ist verhalten, fast etwas verlegen, als wisse sie nicht, wie sie sich dem Zuschauer gegenüber verhalten soll. Das in einen Zopf geflochtene, in der Mitte gescheitelte Haar wird von einer Haube aus hauchdünnem Schleierstoff bedeckt, die mit ihrer feinen Goldborte bis zu den Augenbrauen reicht; über der Stirn liegt zusätzlich ein schmales Band. Eine einzelne Haarsträhne ist unter dem Kinn durchgeführt, nur ist sie bei einer Restaurierung des frühen 19. Jahrhunderts etwas zu dick geraten. Überhaupt ist aufgrund dieser Restaurierung, die nötig wurde, nachdem das Gemälde in den Wirren der Zeit beschädigt worden war, der Kopfputz nicht mehr richtig lesbar. Das mit Borten und Schleifen besetzte rotbraune Kleid hat einen weiten Ausschnitt, über die linke Schulter ist ein eleganter kurzer Umhang mit einem aufgeschlitzten weiten Ärmel geworfen, ein bei den Mailänder Damen beliebtes Kleidungsstück, das gewöhnlich aus besonders kostbaren Stoffen gearbeitet war. Eine doppelt geschlungene lange Kette aus schwarzem Edelstein bildet den einzigen Schmuck. Der schwarze einförmige Hintergrund, der das Bild verdunkelt und beschwert, stammt ebenfalls nicht von Leonardo, sondern wurde bei der Restaurierung hinzugefügt. Leonardo hatte Cecilias Figur dagegen vor einen graubläulichen Hintergrund gestellt, der sich von rechts nach links entsprechend dem Lichteinfall abschattete. Spuren davon sind bei einer Untersuchung des Gemäldes zum Vorschein gekommen.

Als Datum für die Entstehung des Bildes sind die Jahre zwischen 1488 und 1490 vorgeschlagen worden, mithin die Zeit, als Cecilia Gallerani, wie angenommen, die Geliebte Ludovico Sforzas wurde, dem sie am 3. Mai 1491 einen Sohn gebar. In dem Pelztierchen, das sie im Arm hält, ist zu Recht eine Anspielung auf den Hermelinorden gesehen worden, der Sforza von König Ferrante d'Aragona verliehen wurde. Die Annahme eines bekannten Leonardo-Forschers, daß Ludovico diesen Orden im Jahr 1488 erhielt, hat entscheidend zur Datierung beigetragen. Ludovico Sforza wurde jedoch nicht 1488, sondern schon im Herbst 1486 in diesen von Ferrante gestifteten Ritterorden aufgenommen, zum Dank für seine Unterstützung bei der Niederschlagung des Aufstands der Barone im Königreich. Die Einkleidung in den weißen Mantel der Ordensritter, der aus Hermelin bestand oder mit Hermelin gefüttert oder besetzt war, erfolgte im November 1486, also nur wenige Monate vor dem Karneval, in dem Ludovico seine neue Liebe mit Festen, Sonetten und «anderen Dingen» feierte. Es liegt deshalb nahe anzunehmen, daß das Bildnis Cecilia Galleranis schon in diesem Zusammenhang entstand.

Wie aus der Korrespondenz des florentinischen Gesandten unmißverständlich hervorgeht, hatte Ludovico Sforza den Ehrgeiz, seine neue Liebesleidenschaft in den Formen zu zelebrieren, wie sie Lorenzo de' Medici vorgegeben hatte. Dazu gehörte ein Bildnis der Geliebten. Was lag also näher, als sich für die formvollendete Ausführung des Rituals an zwei Florentiner zu wenden? Bellincioni und Leonardo kannten dieses Ritual aus eigener Anschauung, und was letzteren betraf, so brachte dieser aus seiner Lehrzeit in Verrocchios Werkstatt große Erfahrung mit und hatte sogar ein solches Geliebtenbild schon einmal gemalt. Bellincioni als Vertreter der toskanischen literarischen Tradition war dagegen in der Lage, die nötigen

Sonette dazu zu liefern. Francesco Tancio, der Bellincionis Werk kurz nach dessen Tod im Druck herausbrachte, schreibt im Vorwort, daß Ludovico Sforza den Literaten wegen seiner gewählten florentinischen Sprache an seinen Hof geholt habe, «damit unsere Stadt ihre noch ziemlich grobe Sprechweise ausfeile und verfeinere». Die beiden Florentiner repräsentierten in Mailand eine höhere Kultur, ganz abgesehen davon, daß Bellincionis poetische Produktion von eher mediokrer Qualität war. Leonardo malte Cecilia im Augenblick des Blickaustausches mit dem Geliebten, Bellincioni schrieb das Sonett zum Lobpreis des Bildnisses und vielleicht auch andere Verse in der Manier Petrarcas, wie sie sich zwischen seiner Gelegenheitsdichtung finden.

Cecilia Gallerani hat sich viele Jahre später selber zu ihrem Porträt geäußert, das in ihrem Besitz blieb. Sie war damals schon lange nicht mehr Ludovico Sforzas Geliebte, sondern die Gemahlin eines Mailänder Edelmanns, den sie nach dem Ende der Beziehung geheiratet hatte. Ende April 1498 klopfte ein berittener Bote an das Tor ihres Palasts in Mailand. Er kam aus Mantua und überbrachte einen Brief der Markgräfin Isabella d'Este, der Schwester der vor kurzem verstorbenen Gemahlin Ludovico Sforzas. Darin bat sie Cecilia, ihr Leonardos Bildnis für kurze Zeit auszuleihen. Sie habe gerade Gelegenheit gehabt, einige Porträts von Giovanni Bellini zu bewundern. Dabei sei die Rede auch auf Leonardo gekommen, und da sie sich erinnere, daß dieser sie «nach der Natur» gemalt habe, würde sie gerne einen Vergleich zwischen den beiden Meistern anstellen; bei der Gelegenheit könne sie sich endlich auch ein Bild von ihrem Aussehen machen. Cecilia packte das Bild umgehend ein und begleitete die Sendung ihrerseits mit einem Brief. Sie schicke das Bild gerne und täte es noch lieber, wenn es ihr gliche. Dieser Defekt sei aber keineswegs die Schuld des Meisters, der seinesgleichen nicht kenne.

Es liege daran, daß er das Bildnis von ihr in einem so «unvollkommenen» Alter gemalt habe, daß bei einem Vergleich zwischen dem Bild und ihrem jetzigen Aussehen niemand mehr glaube, daß es sich um dieselbe Person handle. An dieser Aussage interessiert vor allem der Hinweis auf das unreife Alter. Er ist ein weiteres Indiz dafür, daß das Porträt früher als vermutet, und zwar im Zusammenhang mit der Aufnahme Ludovico Sforzas in den Orden des Hermelins und den Karnevalsfesten des Jahres 1487 entstand, als Cecilia höchstens vierzehn Jahre alt war. Wie aber konnte sie in so jungem Alter den hohen Herrn so verzaubern, daß er sie zur Königin seiner Feste und seines Herzens machte? Wie kam sie überhaupt an den Hof?

Cecilia war als Tochter eines hohen herzoglichen Finanzbeamten geboren worden. Ihr Vater, Fazio Gallerani, «magister ducalis intratarum», der aus einer alten Sieneser Kaufmannsfamilie stammte, war 1480 im Alter von siebenundsechzig Jahren gestorben und hatte seine viel jüngere Frau Margherita mit acht minderjährigen Kindern zurückgelassen. In seinem am 29. November 1480 aufgesetzten Testament hatte er als Erben seine sechs Söhne eingesetzt, während er den beiden Töchtern Zaneta und Cecilia nur eine Mitgift vermachte, die auf tausend Golddukaten beziffert war. Fazio Gallerani starb wenige Tage später am 5. Dezember, und am 19. Januar 1481 übernahm seine Witwe, wie im Testament bestimmt, die Vormundschaft über ihre Kinder, von denen der älteste Sohn, Sigerio, den Angaben nach etwa achtzehn Jahre alt war, der jüngste fünf. Die Töchter werden in diesem Dokument nicht erwähnt, so daß wir auch nichts über ihr Alter erfahren, doch scheint Cecilia das zweitjüngste Kind gewesen zu sein. Von Zaneta ist im folgenden nicht mehr die Rede, während Cecilia am 15. Dezember 1483 dem vierundzwanzigjährigen Giovanni Stefano Visconti, über dessen Stand oder Beruf nichts gesagt wird, zur Ehe versprochen wurde. In diesem vom Notar beglaubigten Eheversprechen wird Cecilia als zehnjährig bezeichnet. Sie war demnach 1473 geboren, wenn auch die Altersangaben in den Dokumenten der Zeit – das gilt auch für die anderen Kinder Fazio Galleranis – oft nicht genau sind. Mutter und Brüder verpflichteten sich, dem Versprechen die Ehe nachfolgen zu lassen, sobald Cecilia zwölf Jahre alt geworden sei, das vom weltlichen wie dem kirchlichen Recht vorgeschriebene Mindestalter für die Heirat, wie im Dokument präzisiert wird. Die Mitgift sollte am ersten Osterfest nach dem 12. Geburtstag Cecilias ausgezahlt werden, ein Vorschuß bereits am kommenden Osterfest, was auch tatsächlich geschah. Nach all diesen Bestimmungen müßte die Hochzeit im Jahre 1485 stattgefunden haben.

Die Eile, mit der die Familie Cecilia unter die Haube bringen wollte, weist darauf hin, daß die wirtschaftliche Lage nach dem Tod des Familienoberhaupts nicht die glänzendste war. Auch die Mitgift scheint als eher bescheiden angesehen worden zu sein, denn zwei hohe Persönlichkeiten des Hofs, der einflußreiche herzogliche Sekretär Luigi Terzago und der Hofbeamte Giovanni Priora, verpflichteten sich im Heiratsversprechen dem Bräutigam gegenüber, zu gegebener Zeit eine höhere Summe zu bestimmen. Trotz der beschränkten Verhältnisse wuchs Cecilia in einem gebildeten Elternhaus auf und scheint zusammen mit den Brüdern, die sich auf ihre berufliche Laufbahn vorbereiteten, eine gute Schulbildung genossen zu haben. Sie lernte sogar Latein. Diese Erziehung war sicherlich der Mutter geschuldet, die aufgrund ihrer familiären Herkunft auf eine gute Bildung Wert legen mußte und wahrscheinlich auch selbst eine solche genossen hatte. Cecilias Großvater Lorenzo de Busti war Doktor beider Rechte, dessen Bruder Matteo Doktor der Medizin gewesen; der Bruder der Mutter, Bernardino de Busti, war in den Franziskanerorden eingetreten und hatte mit einer vielbeachteten theologischen Streitschrift in die Diskussion zwischen Dominikanern und Franziskanern um die unbefleckte Empfängnis Mariens eingegriffen. Es ist sogar möglich, daß er der theologische Berater für die bei Leonardo und den Brüdern De Predis bestellte *Madonna delle Rocce* war. Wie die Anwesenheit der beiden Hofleute bei Abschluß des Eheversprechens nahelegt, war auch nach Fazios Tod der Kontakt zum Hof nicht abgerissen, und ihr Interesse für die Waise trug sicher dazu bei, daß die junge anmutige Cecilia nach ihrem Verlöbnis und mehr noch nach ihrer Heirat zu den Hoffesten eingeladen wurde.

Ob Ludovico Sforza sich im Karneval 1487 an die Gebote des Rituals hielt, das eine zwar leidenschaftliche, aber keusche Liebe postulierte, bleibt offen. Er war zu dieser Zeit ein Mann von fast fünfunddreißig Jahren, hatte schon mehrere Liebschaften hinter sich und einige daraus entsprungene Kinder und wartete darauf, sich mit Beatrice d'Este, der Tochter des Herzogs von Ferrara und Enkelin König Ferrantes von Neapel, zu vermählen, sobald diese das Heiratsalter erreicht haben würde. Es handelte sich um die übliche, von dynastischen und politischen Interessen bestimmte Ehe, wie sie in Fürstenkreisen üblich war. Doch kannten die Fürsten bekanntlich, was die Sexualmoral betrifft, weniger Hemmungen als die Bürger der Städte, und wenn ein die Sexualität einschließendes Verhältnis des Herzogs mit der schönen Waise eines seiner Beamten für diese Zeit auch noch nicht bezeugt ist, so waren die fastnächtlichen rituellen Liebesspiele doch sicherlich das Vorspiel dazu.

Die Liebe des ungekrönten Herrschers von Mailand änderte jedenfalls Cecilias Leben von Grund auf. Schon wenige Monate nach dem Karneval unternahm sie Schritte, um ihre Ehe aufzulösen oder jedenfalls den Ehevertrag zu annullieren. Dies läßt sich einem Dokument entnehmen, in dem Giovanni Stefano Visconti am 12. Juni 1487 einen Geistlichen zu seinem Rechtsvertreter in der von Cecilia vor dem bischöflichen Gericht angestrengten «causa matrimonialis» bestellte. Wie dieser Prozeß ausging, ist nicht bekannt, aber das Verfahren scheint sich lange hingezogen zu haben. 1489 erhob Cecilia zusammen mit ihren zwei jüngsten Brüdern Klage gegen die Konfiskation der gesamten Güter ihres ältesten Bruders Sigerio, der sich eines Mordes schuldig gemacht hatte. Sie brachte vor, daß eines dieser Güter mit einer Hypothek zur Garantie eines Teiles ihrer Mitgift belastet sei, die ihr Vater ihr ausgesetzt habe, als sie noch «ledig» gewesen sei. Sie wohnte damals nicht mehr mit ihren Brüdern zusammen, sondern in einer anderen Pfarrei. Der Mordfall wurde schnell bereinigt, da Ludovico Sforza höchstpersönlich die Familie des Ermordeten aufforderte, mit dem Mörder Frieden zu schließen. Kirchliche Pfründen für Cecilias Brüder weisen ebenfalls darauf hin, daß Cecilia hoch in Sforzas Gunst stand und in der Zwischenzeit seine Geliebte geworden war.

Ludovico Sforza war so leidenschaftlich in die schöne Cecilia verliebt, daß er sogar seine für 1490 vorgesehene Hochzeit mit Beatrice d'Este immer weiter herauszuschieben suchte. Nicht daß er sie in Frage stellte, denn eine Ehe mit Cecilia war aufgrund ihres Standes und auch aus politischen Erwägungen undenkbar. Ludovicos Hinhaltetaktik führte sogar zu Spannungen mit dem Hof von Ferrara, der auf die Heirat drängte. Der Ferrareser Gesandte in Mailand mußte seinen Herrn vor allzu großer Eile warnen. Er erklärte ihm, daß es besser sei, seine Tochter einstweilen noch nicht nach Mailand zu schicken, da Ludovico seine ganze Zeit bei seiner Geliebten verbringe, die er im Schloß untergebracht habe und überallhin mitnehme. Er liebe sie über alles, «und sie ist schwanger und schön wie eine Blume». Die Zeit werde die Dinge schon wieder ins Lot bringen.

Im Januar 1491 wurde dann endlich doch die Hochzeit mit vielen prächtigen Festen gefeiert, für die Leonardo wiederum die Kulissen und die Spektakel mitgestaltete. Aber Cecilia zog nicht aus dem Schloß aus, zur Verärgerung und Scham der jungen Herzogin, die an körperlichen Reizen nicht mit ihr wetteifern konnte. Als äußerstes Mittel blieb ihr nur der Ehestreik. Am 3. Mai kam Cecilias Kind zur Welt und erhielt den Namen Cesare Sforza Visconti, das heißt den des natürlichen Vaters. Bellincioni ließ es sich natürlich nicht nehmen, ein paar Sonette auf die Geburt des Kindes zu schreiben, die «neue Sonne», die sich bis jetzt in den Gärten Siziliens verborgen habe, wobei die südliche Insel («Sicilia») auf den Namen der Mutter («Cicilia» in der gebräuchlichen Form) anspielte. Bellincioni war oft bei Cecilia anzutreffen. Er sei der Günstling seiner «Insel» und des Herrn Cesare, «ein rosiges Dickerchen», rühmte er sich mehrmals dem Vater gegenüber, nachdem Cecilia dann schließlich doch auf das beständige Drängen von Ludovicos Gemahlin die herzogliche Residenz hatte verlassen müssen. Am 18. Mai 1491, kurz nach der Geburt, verlieh Ludovico Cecilia zu ihrem Unterhalt das Lehen Saronno und verheiratete sie am 27. Juli 1492 mit einem Mailänder Adligen, dem sie in der Folgezeit mehrere Kinder gebar. Die Hochzeit wurde mit großem Aufwand gefeiert, Cecilias Ausstattung mit Kleidern war einer Fürstin würdig. Mit ihrem Gemahl bewohnte sie einen Palast in unmittelbarer Nähe des Castello Sforzesco, den Ludovico seinem Sohn Cesare geschenkt hatte und in den nächsten Jahren auf seine Kosten prächtig herrichten ließ.

Damit endet die Geschichte der Liebe Ludovico Sforzas zur schönen und gebildeten Cecilia Gallerani, die unter dem Zeichen Petrarcas begonnen hatte, in der die Leidenschaft des Herzens aber auch ihre körperliche Erfüllung fand. Die Tatsache, daß Cecilia so lange die Geliebte des Herzogs gewesen war, tat ihrem Ruf keinen Abbruch, ihr Palast wurde ein Mittelpunkt gesellschaftlichen und intellektuellen Lebens. Bellincioni starb schon im September 1492; ob auch Leonardo zuweilen in ihrem Haus verkehrte, ist nicht bekannt. Noch viele Jahre später lobte ein berühmter Literat wie Matteo Bandello Cecilia in seinem Novellenwerk als eine gebildete und gelehrte Dame, die selbst Verse schrieb.

Cecilia Gallerani überlebte ihren Geliebten, der 1508 in französischer Gefangenschaft sein Leben endete, wie auch ihren gemeinsamen Sohn Cesare, der, nicht einmal dreiundzwanzig Jahre alt, im Januar 1514 starb; ihr Gemahl folgte ihm ein Jahr später ins Grab. Sie selbst starb um das Jahr 1536, fast ein halbes Jahrhundert nachdem Leonardo ihre kindliche Schönheit auf dem Bildnis für die Nachwelt festgehalten hatte.

Maria Savorgnan und Pietro Bembo

5

Pietro Bembo wurde 1470 als ältester Sohn jenes Bernardo, der Ginevra Benci seine Liebe dargebracht hatte, in Venedig geboren. Er erhielt, wie in seinen Kreisen üblich, eine gute humanistische Erziehung. Daneben leitete ihn sein Vater aber auch zur Verehrung Petrarcas an und zeigte dem Kind die Petrarca-Reliquien, die er stolz in seinem Haus bewahrte. Während der beiden Gesandtschaften in den Jahren 1475/76 und 1478–1480 nahm Bernardo seinen kleinen Sohn mit nach Florenz, wo das Kind zum ersten Mal mit der toskanischen Sprache in Berührung kam und auch Lorenzo de' Medici persönlich kennenlernte. Pietro erinnerte sich sein ganzes Leben lang lebhaft an ihn als den großen Literaten, der den «italienischen» Petrarca zu neuem Aussehen gebracht hatte. 1485 begleitete er seinen Vater auf einer Gesandtschaft nach Rom, wo er sein erstes Gedicht schrieb – ein lateinisches Epigramm zu Ehren Petrarcas. Es zeigt, daß Pietro schon in ganz jungen Jahren eine gute Kenntnis des Dichters besaß und von seinem Vater früh in dessen Kult eingeweiht worden war.

Die Liebe zu Petrarca und seinen italienischen Dichtungen, wie er sie bei Lorenzo de' Medici kennengelernt hatte, kamen für Bernardo Bembo jedoch erst an zweiter Stelle. Seine Interessen waren, wie gesagt, vor allem humanistischer Natur, wie es der öffentlichen Laufbahn, die in seiner Familie Tradition war, entsprach. Auch für seinen Sohn Pietro hatte er eine Karriere im Dienst des venezianischen Staates geplant. Im Laufe der Jahre zeigte sich jedoch, daß der junge Bembo sich immer mehr den literarischen Studien zuwandte, bis er endgültig beschloß, sich nur noch diesen zu widmen. 1497 begleitete er wiederum seinen Vater, der ein wichtiges Amt in Ferrara übernommen hatte. In dieser Stadt, wo er engen Kontakt zu den dortigen literarischen Kreisen pflegte, die sich um den herzoglichen Hof der Este scharten, kam diese Berufung zur Reifung. Wieder zurück in Venedig, erhielt er vom großen Buchdrucker Aldus Manutius, damals berühmt als Herausgeber klassischer Autoren, den Auftrag, eine neue Ausgabe von Petrarcas *Canzoniere* vorzubereiten, die 1501 im Druck erschien. Der in Ferrara gefaßte Entschluß war eine Entscheidung fürs Leben, die aus Pietro Bembo in wenigen Jahren einen der angesehensten Vertreter der italienischen Literatur machte. Er war es, der, das Vorbild Lorenzo de' Medicis vor Augen, der italienischen Sprache ihre Regeln diktierte und zum Vorkämpfer einer Erneuerung der petrarkistischen Tradition wurde (Tafel 4).

Zu Beginn des neuen Jahrhunderts, im Jahre 1500, als Bembo dabei war, seine Petrarca-Ausgabe fertigzustellen, und gleichzeitig an einem schon 1497 in Ferrara begonnenen italienischen Dialog über die Liebe, betitelt *Gli Asolani*, arbeitete, erreichte ihn ein merkwürdiges Sonett. Es kam von einer Frau und enthielt eine leidenschaftliche Liebeserklärung; von «Liebesqualen» und einer Passion, die sie wie eine «brennende Flamme» verzehre, war darin die Rede. Das Sonett war weder unterzeichnet noch datiert. Bembo versah es, als ob es sich um einen Brief gehandelt hätte, mit dem Eingangsdatum 29. Mai 1500. Dem ersten Sonett folgte eine Woche später ein zweites, in dem das Liebesangebot wiederholt wurde; Bembo gab ihm das Datum 7. Juni 1500. Die Übersendung von Sonetten als Liebeserklärung verrät, daß die Absenderin eine Dame von ausgezeichneter Bildung war, eine Dichterin, die ihre Gefühle kunstvoll in Versen auszudrücken wußte. Sie griff zweifellos zu dieser Form, weil sie sich an einen jungen, vielversprechenden Literaten wandte, der sie auch deshalb anzog, weil er schon einen beträchtlichen intellektuellen Ruf genoß. Die beiden Sonette sind in der Manier Petrarcas geschrieben und mußten Bembo, der sich anschickte, die Rolle eines einflußreichen Meisters des Petrarkismus zu übernehmen, sehr beeindrucken. Die Frau, die die Gedichte geschickt hatte, kannte den Adressaten offenbar gut und gehörte sicher zum engsten Kreis von Bembos venezianischen Freunden.

Die beiden Sonette wurden Bembo von einem Mittelsmann überbracht, wahrscheinlich von seinem jüngeren Bruder Carlo, der die Dame, die ihren Namen nicht verriet, offenbar ebensogut kannte wie er selbst. Im folgenden ließ Carlo seinen Bruder mündlich wissen, daß die Dame wiedergeliebt zu werden wünsche. Pietro gab daraufhin der Versuchung nach und schlug ihr mit der Vermittlung seines Bruders ein erstes Stelldichein vor. Die Dame wagte sich nun noch etwas weiter vor und schrieb ihm einen Brief voller bei Petrarca entlehnter Floskeln, wie sie schon die Sonette gekennzeichnet hatten. Mit diesem Brief ohne Unterschrift und Datum, den Bembo auf den 14. Juli datierte, begann ein eifriger Briefwechsel und gleichzeitig eine ganz außergewöhnliche Liebesgeschichte. Die Dame willigte in ein erstes heimliches Rendezvous ein, bekundete gleichzeitig aber große Sorge über das Risiko, das sie damit einging. Die Anonymität, die sie während des ganzen langen Briefwechsels bewahrte, war sicher der Notwendigkeit geschuldet, das Geheimnis zu bewahren. Die Dame konnte offenbar nicht frei über sich verfügen, hatte Pflichten gegenüber ihrer Familie, die es ihr nicht gestatteten, Liebesverhältnisse, gleich mit wem, einzugehen, am wenigsten aber mit einer Person, die in ihrem Familienkreis gut bekannt war.

Bembo versah alle von der Dame an ihn geschriebenen Briefe mit dem Datum des Tages, an dem er sie erhalten hatte, und bewahrte sie in seinem privaten Archiv auf. Es sind siebenundsiebzig an der Zahl. Zum Glück ist der vorletzte, datiert auf den 26. September 1501, als das Liebesverhältnis praktisch schon zu Ende war, an den «Magnifico misér Piero» adressiert (ohne Familiennamen, da es sich ja um einen Freund der Familie handelte) und mit einem «Ma. Sarvorniana» unterschrieben, das in Maria Savorgnan aufzulösen ist. Da wir auf diese Weise den Vor- und Familiennamen der Briefschreiberin erfahren, ist es nun auch möglich, ihre historische Identität zu bestimmen.

Eineinhalb Jahre bevor das Liebesverhältnis zwischen Maria Savorgnan und Pietro Bembo begann, erschien am 22. Dezember 1498 vor der Signoria von Venedig die Witwe Giacomo Savorgnans, eines tüchtigen Condottiere aus Friaul, der am 16. November in venezianischen Diensten in Pisa gestorben war, wohin er mit einer Truppe von hundert Reitern geschickt worden war. Marin Sanudo gibt in seinen *Diarii* an, daß sie mit zwei kleinen Knaben und zwei kleinen Mädchen, «wunderschönen Geschöpfen», kam, in Begleitung ihres Bruders und ihres Schwagers Girolamo Savorgnan. «Und nachdem sie sich der Signoria zu Füßen geworfen hatte, bat diese Frau flehentlich, daß ihr eine Unterstützung für deren Unterhalt gegeben werde» und für die Mitgift der Töchter, «angesichts der Treue ihres Gemahls, der unser Edelmann war und in unseren Diensten starb». Ihre Bitte löste großes Mitleid bei der Regierung aus, und der Doge versprach, sich für ihren Fall zu interessieren, aber sie erhielt nichts. Die Savorgnan waren eine der reichsten und mächtigsten Familien Friauls, und die Witwe eines von ihnen hatte schwerlich öffentliche Hilfe nötig, um leben und die Töchter verheiraten zu können. Sanudo nennt den Namen der Witwe nicht und merkt nur an, daß sie die Tochter des verstorbenen Matteo di Sant' Angelo und Schwester von Angelo Francesco di Sant' Angelo war, die beide ebenfalls als Söldnerführer in venezianischen Diensten gestanden hatten bzw. standen.

Matteo di Sant' Angelo stammte aus dem gleichnamigen Ort im Herzogtum Urbino, und sein Familienname lautete Griffoni. Er war ein berühmter Condottiere gewesen, der seit 1453 den Oberbefehl über die venezianischen Fußtruppen innehatte. 1455 hatte er sich in Crema niedergelassen, der kleinen lombardischen Stadt, die vor kurzem unter venezianische Herrschaft geraten war. Im folgenden Jahr war er am 5. April wegen seiner großen Verdienste um die Republik zum Ritter von San Marco geschlagen worden. In schon fortgeschrittenem Alter heiratete er eine Frau aus dem ältesten Adel der Marken, Leonarda, die aus der Familie der Grafen von Carpegna stammte und ihm zwei Kinder schenkte: 1468 Angelo Francesco und bald danach Maria. Matteo Griffoni starb am 4. Oktober 1473 und ließ seine Frau mit zwei noch kleinen Kindern zurück. Angelo Francesco folgte seinem Vater im Kriegshandwerk nach und trat schon in sehr jungem Alter in venezianische Dienste. Als venezianischer Söldnerführer hatte er sicher Gelegenheit, Giacomo Savorgnan kennenzulernen, der wie er in Diensten Venedigs stand. So ist anzunehmen, daß er es war, der die Heirat seiner Schwester mit Savorgnan arrangierte, die 1487 stattfand. Aus dieser Ehe gingen vier Kinder hervor, zwei Mädchen, Lucina und Giulia, und zwei Knaben, Pagano und Giovanni Battista.

Die Dame, die 1500 ein Liebesverhältnis mit Pietro Bembo einging, hieß also Maria Griffoni di Sant' Angelo und war seit kurzem Witwe von Giacomo Savorgnan. Da sie um 1470 in Crema geboren war, stand sie im gleichen Alter wie Bembo. Nach ihrer Heirat war sie nach Friaul in die Heimat der Savorgnan übergesiedelt und später von dort nach Venedig gezogen, in den Palast, den diese Familie in der Stadt besaß, wohin ihr auch ihre Mutter nachfolgte. Vor seinem Kriegszug nach Pisa, das sich gegen Florenz erhoben und Venedig um Hilfe gebeten hatte, setzte Giacomo Savorgnan am 12. Juni 1496 in Udine sein Testament auf. Da der älteste Sohn Pagano geisteskrank war, ernannte er den zweiten, Giovanni Battista, zu seinem Erben und unterstellte ihn, da er noch minderjährig war, der Vormundschaft der Mutter mit der Bedingung, daß diese sich nicht wieder verheiratete und Keuschheit bewahrte. Seinen beiden Töchtern Lucina und Giulia setzte er eine Mitgift von 1000 Dukaten aus und bestimmte, daß ihr Onkel Tristano Savorgnan seine Zustimmung zu ihrer Heirat geben müsse. Dieser war der älteste der drei noch lebenden Brüder aus dem Zweig der Savorgnan del Monte und somit das Familienoberhaupt. Nach dem Tod Giacomos übte Tristano in der Tat eine strenge Kontrolle über die Witwe seines Bruders aus, um die Bestimmungen des Testaments zu garantieren. Aus diesem Grund beschäftigte er in Marias Haus einen gewissen Bernardino, der nur ihm gegenüber verantwortlich war und seine Schwägerin mißtrauisch überwachte. Der Familienname dieses Bernardino läßt sich aus den Briefen Marias nicht erschließen, jedoch lassen sie erkennen, daß er in einem besonders engen Vertrauensverhältnis zu Tristano stand. Möglicherweise war er ein Verwandter, vielleicht ein Savorgnan aus einem der vielen Nebenzweige des Clans, der weder gesellschaftliche Bedeutung noch einen Beruf hatte, ein Müßiggänger mit der Funktion eines Majordomus, dessen einzige Aufgabe darin bestand, über die untadelige Lebensführung der Witwe zu wachen, damit die Ehre des Clans nicht beschmutzt würde.

Die Kenntnis dieser Verwandtschaftsverhältnisse, die Marias Leben bestimmten, angefangen von ihrem Stand als Witwe und der sich daraus ergebenden Bevormundung durch den Schwager, ermöglichen es, ihren Liebesbriefwechsel mit Pietro Bembo auch jen-

Tafel 1: Francesco Petrarca in seiner Schreibstube, Miniatur, Florenz, Biblioteca Nazionale, Cod. pal. 184 (15. Jahrhundert)

Tafel 2a: Leonardo da Vinci, Bildnis der Ginevra Benci, Washington, National Gallery of Art

Tafel 2b: Imprese Bernardo Bembos mit abgewandeltem Wahlspruch und zugefügtem Wacholderzweig. Rückseite des Bildnisses der Ginevra Benci, Washington, National Gallery of Art

Tafel 3: Leonardo da Vinci, Bildnis der Cecilia Gallerani, Krakau, Czartoryski Muzeum

Tafel 4: Giovanni Bellini, Pietro Bembo (?), Hampton Court, Königliche Sammlungen

Tafel 5: Tizian, Bildnis des Kardinals Ippolito de' Medici, Florenz, Galleria Pitti

Tafel 6: Tizian (zugeschrieben), Bildnis des Kardinals Alessandro Farnese, Neapel, Museo di Capodimonte

Tafel 7: Tizian, Bildnis eines Mädchens, Neapel, Museo di Capodimonte

Tafel 8: Taddeo Zuccari, Hochzeit von Ottavio Farnese mit Margarete von Österreich, Caprarola, Palazzo Farnese

seits seiner literarischen Qualitäten – und diese sind beträchtlich – zu untersuchen. Ein lateinischer Brief, den Pietro Bembo am 4. Januar 1494 aus Venedig an Girolamo Savorgnan in Udine schickte, bezeugt, daß er schon damals in einem freundschaftlichen Verhältnis zu diesem zweiten Schwager Marias stand. Dieser war ebenfalls ein Condottiere, doch so gebildet, daß er mit dem jungen, aber schon bekannten Literaten einen lateinischen Briefwechsel führen konnte und ihn sogar beauftragte, die Erziehung seiner beiden Kinder Maddalena und Girolamo zu überwachen. Pietro Bembo war also ein guter Freund der Familie Savorgnan, in der auch die Liebe zur Dichtung gepflegt wurde. Die vorzügliche literarische Bildung Marias erklärt sich auf diese Weise. Sie verkehrte in Venedig mit Pietro Bembo sicher schon, bevor sie ihren ersten Brief an ihn schrieb, und verdankte ihm wahrscheinlich auch ihre Vertrautheit mit der Dichtung Petrarcas, die in ihren Briefen zum Ausdruck kommt. Doch beschränkten sich ihre literarischen Interessen nicht auf nur diesen, sondern erstreckten sich auch auf dessen großen Zeitgenossen Giovanni Boccaccio. In zwei ihrer ersten Briefe vom 4. und 5. August 1500, zu Beginn ihres Verhältnisses also, bat Maria Pietro, ihr ein Exemplar des *Decamerone* auszuleihen, den sie, wie aus ihren Worten hervorgeht, bereits gelesen hatte. In diesem Hauptwerk Boccaccios gibt es sieben Novellen, in denen die Initiative zu einem Liebesverhältnis von Frauen ausgeht, zwei davon sind sogar Witwen. Möglicherweise gab ihr gerade der *Decamerone* den Anstoß, die Rollen bei der Liebe umzukehren, was im Italien des angehenden 16. Jahrhunderts nicht eben üblich war. Die exquisit literarische Form, mit der sie ihren ersten Annäherungsversuch ummäntelte, gestattet eine solche Vermutung, und die ständige Verflechtung von Leben und Literatur, die ihre Liebesgeschichte mit Pietro Bembo charakterisiert, ist dafür eine Bestätigung.

Pietro leistete anfänglich großen Widerstand, denn obwohl die Initiative von einer Witwe ausging, hatte sie doch etwas Ehebrecherisches an sich und konnte angesichts der Testamentsbestimmungen recht schwerwiegende Folgen haben. Es handelte sich nicht nur um die Ehrverletzung einer befreundeten Familie, die, falls sie entdeckt würde, gewiß einstimmig von der Gesellschaft verdammt worden wäre. Auch die Gefahr einer gewalttätigen Reaktion von seiten Tristanos, der Maria ja von Bernardino überwachen ließ, um sie zur Keuschheit zu zwingen, war keineswegs auszuschließen. Tristano Savorgnan war ein Kriegsmann und würde nicht zögern, zu den Waffen zu greifen, um die Ehre seines Clans wieder reinzuwaschen. Bembo war sich dessen bewußt und fürchtete die Gefahr auch deshalb, weil ein ähnlicher Fall vor ein paar Jahrzehnten auch in seiner eigenen Familie vorgekommen war. 1441 war ein Vorfahr von ihm, ein gewisser Francesco Bembo, vom betrogenen Ehemann seiner Geliebten getötet worden. Sein Leichnam war neben einem Kanal aufgefunden worden, der Mörder sofort aus der Stadt geflohen, um sich dem Todesurteil zu entziehen, da das Gericht die Verletzung der Ehre durch den Ehebruch nicht als Milderungsgrund angesehen hätte. Eine solche Bluttat, die zeitlich zu nahe lag, um in der Erinnerung der Familie vergessen zu sein, mußte Pietro zögern lassen, sich in ein solch gefährliches Liebesabenteuer zu stürzen, zumal er ein Mann der Feder und nicht der Waffen war. Natürlich verschwieg er Maria seine nur allzu berechtigten Befürchtungen. Er schob eine unglückliche Liebe vor, an der er immer noch leide. Die Entschuldigung war aber zu schwach, um Marias Belagerung wirklich standzuhalten. Maria hatte leichtes Spiel, indem sie das alte, aber immer wirksame Argument ins Feld führte, daß eine neue Liebe die alte vertreibe. Um ihn zur Kapitulation zu zwingen, griff sie noch einmal zu dem Mittel, für das der zögerliche Liebhaber am empfänglichsten war, nämlich zur Poesie, die sie wie immer zur Verführung einsetzte. Dem achten Brief, von Bembo auf den 21. Juli datiert, fügte sie ein selbstgedichtetes Strambotto ein, das mit einem Petrarca-Zitat schloß.

Den entscheidenden Stoß führte sie am folgenden Tag, als sie ihrem neuen Brief ein Bildnis von sich beilegte. Maria war also so vertraut mit der auf Petrarca gründenden Tradition, wie sie sich im 15. Jahrhundert herausgebildet hatte, daß ihr auch das Thema des Geliebtenbildnisses nicht fremd war, das dem Ritual zufolge in Versen gepriesen werden mußte. Ja, sie kannte die Regeln so gut, daß sie im Brief anmerkte, es sei eigentlich nicht an ihr, es zu schicken. Sie nahm eines, das sie schon hatte, um dem Ritual, das Bembo so schätzte, Genüge zu tun. Bembo hätte es indessen kaum riskiert, selbst ein Bild in Auftrag zu geben, denn damit wäre die unerlaubte Liebe, in die er sich hatte verstricken lassen, ans Licht gekommen und der gefürchtete Skandal heraufbeschworen worden. Außer dem Datum (22. Juli) fügte Bembo dem Brief noch die lateinische Notiz bei: «Missa cum imagine» – geschickt zusammen mit einem Bildnis. Zwei Monate später, als das Liebesverhältnis seinen Lauf genommen hatte, bat Pietro Maria um ein zweites Bildnis – aus welchem Grund, geht aus Marias Brief vom 27. September nicht hervor. Nur ein postum publizierter Brief Bembos klärt darüber auf, daß er eine Medaille mit ihrem Bild anfertigen lassen wollte, als deren Vorlage das erste Bildnis offenbar nicht taugte. Maria schrieb ihm jedenfalls, daß sie ein neues in Auftrag gegeben habe, da sie keines von guter Qualität besitze. Am 11. November teilte sie ihm mit, daß es fertig sei und er es abholen lassen könne. Bembo schrieb über eines dieser Bildnisse Marias zwei Sonette nach dem Muster der beiden berühmten Sonette Petrarcas über das Bildnis Lauras, das Simone Martini gemalt haben sollte. In enger Anlehnung an das Vorbild nannte er auch den Namen des Malers, Giovanni Bellini, einer der berühmtesten venezianischen Maler der Zeit, und gab außerdem an, daß das Bild auf Holz gemalt war. Bembo publizierte die beiden Sonette zum ersten Mal 1530, ohne jedoch zu verraten, wer die Dame auf dem Bildnis war. Und natürlich gab er auch nicht an, ob er das erste oder das zweite der von Maria geschenkten Bildnisse pries. Weder die beiden Bildnisse noch die Medaille sind identifiziert worden, sie gingen wahrscheinlich verloren. Bembo hielt sie sorgsam versteckt, damit niemand die Dame auf dem Bild wiedererkannte und seine heimliche Liebe, die er auch vor seinen engsten Familienangehörigen verbarg, entdeckte. Es gilt aber festzuhalten, daß Bembo in den beiden Sonetten auch verschwieg, daß die Initiative zur Liebe nicht von ihm, sondern von der Frau ausgegangen war. Er gab vielmehr das Gegenteil zu verstehen und beklagte, zwar nur mit diskreten Anspielungen, die Kühle und Sprödigkeit der Geliebten, genauso wie Petrarca sie an seiner Laura gerügt hatte. Die beiden Sonette Bembos las auch Vasari, der sie in seiner Vita Giovanni Bellinis erwähnt. Vasari erkannte, daß diese den beiden Sonetten Petrarcas über Simone Martinis Laura-Bildnis nachgebildet waren, schrieb aber den Auftrag natürlich Bembo zu, ohne zu ahnen, daß dieser es im Gegenteil von seiner Geliebten zum Geschenk erhalten hatte. Die Vertauschung der Rollen beim Liebesspiel wiederholte sich also auch beim Bildnis.

Die Rolle, die Maria von Beginn an übernommen hatte, blieb während der ganzen Dauer der Liebe die gleiche. Von Anfang an bis zum Ende war sie es, die der Liebe die Richtung gab, die Ziele bestimmte, die Rendezvous arrangierte und alle Einzelheiten festlegte. Ihrem ungeschickten, zögerlichen und furchtsamen Liebhaber ersparte sie keine Vorwürfe und zwang ihn zu einer Liebe, der er heftig widerstrebte. Im zehnten Brief, datiert auf den 23. Juli, als die Liebe schon Fortschritte gemacht hatte, konnte Maria endlich ihren Sieg erklären und schrieb an Bembo in befehlerischem Ton: «Ihr müßt wissen, daß ich will, daß Ihr mich über alles liebet, und wenn Ihr nicht könntet oder nicht wolltet, dann ist es Euer Schaden: Denn das will ich unbedingt, auch gegen Euren Willen.» Die von Bembo in den beiden Sonetten besungene Liebe war selbstverständlich eine ideale, wie sie Petrarca theoretisiert hatte, während im konkreten Fall das Ideal Wirklichkeit geworden war: eine erfüllte Liebe, die auch die Sexualität miteinbezog.

Die Sexualität verschaffte sich bei ihrer Liebe ungestüm ihr Recht und stand bei ihren Zusammenkünften im Mittelpunkt. Die Rendezvous fanden in Marias Haus statt, mit der Deckung einer vertrauten Zofe namens Donata und anderer Diener, die Maria und nicht Bernardino die Treue hielten. Um dessen beharrlicher Überwachung zu entgehen, ergriff sie alle nur möglichen Vorsichtsmaßnahmen. Da Pietro Bembo ein Freund der Familie war, was auch Bernardino wußte, kam er häufig zu Besuch, oft auch unter dem Vorwand, ihr aus dem Werk vorzulesen, an dem er arbeitete. So schrieb ihm einmal Maria, er solle zur Rialto-Brücke gehen, wo er Bernardino bestimmt treffen werde, um ihm seinen Besuch anzukündigen, da er ihr gerne sein Buch, nämlich die *Asolani* (so genannt nach dem Ort Asolo, wo der Dialog angesiedelt war), vorlesen wolle. Aber wenn sich ein solcher Besuch in ein Schäferstündchen verwandeln sollte, dann mußte man abwarten, daß er das Haus verließ. Einmal wies Maria Pietro an, sich abends in der Umgebung des Hauses aufzuhalten, da sie erfahren habe, daß Bernardino zu einem Abendessen ausgehen wollte. Ganz sicher sei dies zwar noch nicht, aber sobald Bernardino das Haus verlassen habe, würde sie ihm einen Diener mit einem Seidenfaden schicken zum Zeichen, daß er kommen könne. Das Rendezvous fand statt, aber als Bernardino zurückkam, befand sich Pietro noch im Haus, was Bernardino dazu veranlaßte, Maria am nächsten Morgen vorzuwerfen, er habe sie im Salon leise mit einem Fremden reden gehört. Sie antwortete ihm, so schrieb sie dem Geliebten am nächsten Tag, daß sie sich mit ihrem Freund Pietro Bembo unterhalten habe, worauf Bernardino sich beruhigt habe. Wahrscheinlich konnte er sich nicht vorstellen, daß Maria ein Liebesverhältnis mit einem alten Freund der Familie unterhielt, der so oft ins Haus kam.

Aber es war nicht nur nötig, Bernardino ein Schnippchen zu schlagen; auch die Neugier der Nachbarn war lästig. Würden sie Pietro zu ungewohnter Stunde ins Haus kommen sehen, dann hätten sie sicher geargwöhnt, daß sich ein heimliches Rendezvous dahinter verbarg, und die Sache bei erster Gelegenheit ausgeplaudert. Deshalb schlug Maria Pietro vor, verkleidet zu einem Nachbarn zu gehen, ihm seine Liebe zu Donata zu gestehen und ihn um Stillschweigen zu bitten. So würde jeder Verdacht von ihr selbst auf die Zofe abgelenkt werden. Um alles noch plausibler erscheinen zu lassen, solle er abends an das Fenster kommen und mit Donata reden, nicht ohne zuvor der Frau des Nachbarn gesagt zu haben, daß er durch das Fenster einsteigen werde, um die Zofe zu besuchen. Einmal im Haus, solle er in einem Versteck warten, bis sie zu Bett gegangen sei, worauf Donata ihn zu ihr führen werde. Pietro hielt sich an die Vorschriften, aber er stellte sich dabei so ungeschickt an, daß er erkannt wurde. Die Nachbarin schöpfte Verdacht, daß die Dinge anders lagen, als ihr gesagt worden war, und forderte Donata auf, auf ihre Ehre zu achten und einen so wenig sauberen Liebeshandel wie diesen nicht stillschweigend zu dulden. Dieser Weg war also zum größten Ärger Marias verstellt. Sie schrieb aufgebracht an Pietro und warf ihm vor, sich auf die dümmste Weise verhalten zu haben. Sein nächtliches Abenteuer riskierte in der Tat, die schlimmsten Folgen zu zeitigen, und nur mit großer Mühe gelang es Maria, das beginnende Gerede der Nachbarn zu dämpfen und schließlich zum Schweigen zu bringen. Aber auch jetzt, da die Gefahren sich verdichteten, gab Maria sich nicht geschlagen und schrieb mit keckem Stolz an Pietro, daß jede andere Frau sich «in diesem verzweifelten Labyrinth verirren würde». Aber dann kam Bernardino auf einmal ganz unerwartet zur Überzeugung, daß ein anderer Besucher Marias Geliebter sei. Kaum war dieser wieder weggegangen, durchsuchte er das ganze Haus «wie ein wildgewordener Löwe» nach den Spuren eines Liebesabenteuers. Er stürzte in ihr Zimmer, öffnete den Deckel der Betttruhe und fand die Leiter, die Pietro benutzt hatte, um durch das Fenster einzusteigen. Maria glaubte sich verloren, aber da Bernardinos Verdacht sich auf eine andere Person richtete, war sie sich sicher, wie sie an Pietro schrieb, ohne Konsequenzen davonzukommen. Aber sie irrte sich.

Im gleichen Brief, in dem sie von Bernardinos wütendem Vorgehen berichtete, schrieb Maria auch, daß sie sich nicht seinetwegen, sondern wegen «misér Tristano» Sorgen mache. Wenn dieser etwas davon erfahre, dann sei sie «verloren». Tristano, der gefürchtete Schwager, war in der Tat vor kurzem nach Venedig gekommen und hatte, wenn auch nur für einen Tag, im Haus Logis genommen. Dies genügte schon, um sie zu alarmieren. Als erstes verbot sie Pietro, ins Haus zu kommen, bevor Tristano wieder abgereist sei. Dann ermahnte sie ihn, sich genauer an ihre Vorschriften zu halten, denn eine Ungeschicklichkeit in deren Befolgung könne verheerende Folgen haben. Sie sorge sich sehr um seine Unversehrtheit, schrieb sie, denn sie habe schlecht geträumt und wisse, daß ihre Träume Prophezeiungen enthielten. Er solle deshalb vorsichtiger sein und sich vor falschen Schritten hüten, die ihn teuer zu stehen kommen könnten. Aber schon nach zwei Wochen organisierte sie ein neues Stelldichein, diesmal außer Haus, nur um mit ihm zu sprechen. Pietro sollte sich auch diesmal verkleiden, um nicht erkannt zu werden, sich nach einem bestimmten Ort begeben, in einen Turm einschließen und dort warten, bis sie komme. Er solle dazu sein eigenes Boot benutzen, es dann aber sofort wegschicken und dann zu ihr auf ihr Boot steigen. Die Begegnung gelang, aber Maria blieb der Verdacht, daß die beiden Bootsmänner sich gesehen und erkannt hatten.

Die Anwesenheit des Schwagers Tristano in der Stadt versetzte Maria in helle Aufregung, so daß sie sich jedes Stelldichein mit dem Geliebten vorübergehend untersagte. Zwar sah sie auch jetzt Pietro noch oft, aber meist in offizieller Form, um mit ihm in ihrem Salon über Poesie zu reden. Bembo unterbreitete ihr seine neuesten Gedichte für die *Asolani*, an denen er immer noch arbeitete, um ihre Zustimmung zu erhalten. Ein leichter Hauch von Melancholie breitete sich über die Leidenschaft; Maria zog sich zurück, als ob sie selbst von ihrer Verwegenheit betroffen wäre. In einem Brief schrieb sie an Pietro: «Zu kühn bin ich gewesen, ich bitte Euch um Verzeihung. Aber das nur, weil ich zu sehr geliebt habe.» Bembo versah den Brief mit dem Datum 29. August, fügte ihm aber auch eine Sentenz Petrarcas von leicht bitterem Ton bei: «Sein Unglück hat ein jeder vom Tag an, da er geboren wurde.» Er gestand betrübt seine Schwachheit ein, der Verführung einer unternehmungslustigen Frau erlegen zu sein, die ihn in ein gefährliches, weil unerlaubtes Verhältnis verwickelt hatte. Im nächsten Brief verwandelte sich die Melancholie geradezu in Trauer. Entmutigt nahmen die Liebenden Zuflucht zur Poesie und lasen wie einst zusammen die *Asolani* in der vergeblichen Hoffnung, in den Gedichten Trost zu finden.

Statt sich heimlich der Liebe wegen zu treffen, begnügten sie sich nun damit, des Nachts aneinander zu denken und Verse statt Küsse auszutauschen. Trotz aller Keckheit, die Maria so oft an den Tag gelegt hatte, läßt dieser Rückzug auch bei ihr ein gewisses Unbehagen erkennen. Auf der verbotenen Liebe lasteten die Verletzung der Ehre der Savorgnan und die Drohung einer schweren Bestrafung. Pietro, der von Anfang an gezögert hatte, litt noch mehr an diesem Unbehagen. Es bedrückte ihn so sehr, daß er sogar seine offiziellen Besuche fast einstellte und sich immer weniger im Haus Marias blicken ließ. Erst nach einem Monat trafen die beiden sich wieder zu einem Rendezvous, das Maria wie üblich vorbereitet hatte. Auch diesmal fand es nicht in ihrem Haus statt, wo die Gefahr, entdeckt zu werden, zu groß war. Ein ins Vertrauen gezogener Freund namens Marco, dessen Identität unbekannt ist, stellte ihnen sein Haus zur Verfügung, wo sich die Liebenden noch andere Male trafen. Doch das Verhältnis begann Risse zu zeigen. Maria zweifelte wieder an der Liebe Pietros, während dieser sie der Untreue bezichtigte. Der zeitliche Abstand zwischen den Briefen wird immer größer.

In der Tat hatte Maria bemerkt, daß ein Sturm heraufzog. In einem auf den 7. Oktober datierten Brief spielte sie auf dunkle Absichten des Schwagers Tristano an, die nicht Gutes verhießen. Einen Monat danach nahm die Drohung Gestalt an. Es handelte sich um eine Reise nach Ferrara, die Anfang Februar 1501 stattfand. Maria wurde von Tristano und Bernardino begleitet, die sie in Ferrara ließen und kurz darauf nach Venedig zurückreisten, von wo aus Tristano sich nach Friaul begab. Der September zog ins Land, und Maria wartete in Ferrara immer noch vergeblich darauf, von ihrem Schwager nach Venedig zurückgeholt zu werden. Aus ihren Briefen geht nicht hervor, welches die wahren Gründe dieser Reise gewesen waren. Sehr wahrscheinlich aber hatte Bernardino Tristano seine Bedenken über Marias Verhalten mitgeteilt. Er verdächtigte sie, ihre Witwenpflicht zu verletzen, die ihr Liebesbeziehungen, mit wem auch immer, untersagten. Tristano kam wahrscheinlich zur Überzeugung, daß es besser sei, Maria auf einige Zeit aus Venedig zu entfernen, und beschloß deshalb, sie nach Ferrara zu bringen. Vielleicht schob er einen Vorwand vor, der irgendwie mit dem Literaten Ercole Strozzi zu tun hatte, einem Höfling der Este, mit dem die Savorgnan befreundet waren. Dieser nahm Maria sehr gastfreundlich in seinem Haus auf und führte sie auch am Hof ein. Aber es kann kein Zweifel bestehen, daß es sich um eine Art Exil für Maria handelte, von dem sie nicht wußte, wie lange es dauern würde. Pietro Bembo hatte selbst einige Jahre in Ferrara gelebt und war ebenfalls mit Strozzi befreundet, so daß es ihm leichtfiel, Maria auf ihre Bitten hin einige Male zu besuchen. Bernardino war zumindest von einer dieser Reisen Bembos nach Ferrara unterrichtet, denn als er sich noch dort befand, bat er diesen darum, ihm aus Venedig eine Laute und gewisse Bildnisse mitzubringen. Also hegte er Bembo gegenüber keinerlei Verdacht. Danach traf sich Bembo noch mindestens zweimal mit Maria, wobei sie auch ihre Liebe erneuerten.

In einem Brief aus Ferrara, datiert auf den 26. Februar 1501, beauftragte Maria Bembo, in ihrem Haus in Venedig vorbeizuschauen, um ihrer Mutter, die jetzt dort wohnte, ihre beigelegten Anweisungen bezüglich der Pflege der drei kleinen Mädchen zu überbringen. Es handelte sich bei diesen Mädchen um ihre eigene, jüngste Tochter Giulia, um ihre Nichte Faustina, die uneheliche Tochter Tristanos, die ihr offenbar zur Erziehung anvertraut worden war, sowie um eine Giacomina, wahrscheinlich ebenfalls eine Tochter Tristanos, welche die verwickelten Genealogien der Savorgnan nicht verzeichnen. Die Tatsache, daß Maria ihrer Mutter solche Anweisungen schickte, zeigt, daß anfänglich kein längerer Aufenthalt in Ferrara vorgesehen war und dieser sich nur aufgrund einer späteren Entscheidung Tristanos schließlich so lange hinzog. Marias Einverständnis war dabei jedenfalls nicht eingeholt worden, wie sie auch über die Dauer des Aufenthalts im unklaren blieb. Dies läßt schon die Tatsache erkennen, daß sie mehrmals vergeblich ihre baldige Rückkehr nach Venedig ankündigte. Pietro überbrachte der Mutter Anfang April auch einen direkt an diese gerichteten Brief Marias aus Ferrara (Pietro versah ihn mit dem Datum 1. April). Hierin berichtete sie von ihrem Leben in Ferrara, versprach, nach dem Patronatsfest des hl. Georg, das auf den 23. April fiel, nach Venedig zurückzukommen, bat die Mutter um Kleider und Schmuck, um würdig am Empfang zu diesem Fest teilnehmen zu können, und auch, Pietro «das Elend des Hauses» offenzulegen. Mit diesen Worten spielte sie wohl auf ihre wirtschaftliche Abhängigkeit von der Familie Savorgnan an, die sie nicht wenig belasten mußte. Aber das Wichtigste in diesem Brief sind die alarmierenden Schlußsätze. Maria spielte hier auf sehr stürmische Ereignisse an, die ihrer Abreise vorangegangen waren. «Ich hatte solche Qualen in Venedig auszustehen», schrieb sie, «daß Ihr, wenn ich noch länger dort geblieben wäre, weder Tochter noch Sohn mehr hättet, und das genüge.» Trotz aller Rätselhaftigkeit bestärken diese Worte doch die Vermutung, daß Tristano Zweifel an Marias Lebenswandel hegte und eine Frage der Ehre daraus gemacht hatte, in die auch der Bruder Angelo Francesco miteinbezogen worden war, der seine Schwester wahrscheinlich verteidigt hatte. Diese Deutung bestärken auch die Anweisungen, mit denen Maria ihren Brief beschloß. Die Mutter solle verhindern, daß jemand ihr Zimmer betrete, den Grund habe sie ihr vor ihrer Abreise gesagt; sie solle Bernardino untersagen, dort zu schlafen, falls er die Absicht dazu zeige; auch solle sie ihr Studierzimmer aufmerksam durchsuchen und alles verbergen, was sie irgendwie in Verdacht bringen könne. Bembo ließ den Brief also aus guten Gründen nicht im Hause Savorgnan, sondern bewahrte ihn unter den eigenen auf.

In den letzten Monaten ihres Aufenthalts in Ferrara empfand Maria ihre Lage als immer unerträglicher und aussichtsloser. Die immer wieder verschobene Rückkehr nach Venedig, die unbestimmte Dauer ihres Exils, das sie von ihren Kindern, ihrer Mutter, ihrem Bruder und ihrem Haus trennte, machten ihr klar, daß sie keine Hoffnung hegen konnte, ihr Verhältnis mit Pietro Bembo nach der Rückkehr fortzusetzen. Die Aufsicht würde äußerst streng sein und die Gefahr für sie und ihn zu groß. Einem Billet vom 14. August, das sie ihm schickte, als Pietro wiederum in Ferrara war, um sie zu besuchen, legte sie ein Gedicht in der Form eines Tanzlieds («barzelletta») bei, um Abschied von ihm zu nehmen.

Questa fiama ch' è sì lenta
pur mi struzie a poco a poco
ma se un giorno serà spenta
cesserà l' ardor e 'l foco.

Quante stente, quanti afanni
soportato ho per amore!
Quanti dì quanti malanni
per aver donato el core!

Ma se cesa el mio dolore,
spero anchor viver contenta.
Questa fiama ...

(Diese Flamme, die so schwach ist, nach und nach verzehrt mich dennoch. Ist sie aber einst erloschen, enden auch das Feuer und die Glut. Wieviel Nöte, wieviel Kummer habe ich der Liebe willen ertragen! Wieviel Tage, wieviel Übel, nur weil ich das Herz verschenkte! Aber enden meine Schmerzen, hoff' ich noch zufrieden zu leben. Diese Flamme ...)

Maria wählte diese poetische Form, die gewöhnlich für Gedichte im leichten und scherzhaften Ton verwendet wurde, um im Kontrast zur Trauer des Abschieds durch den tänzerischen Rhythmus der Verse noch einmal an die Wonnen der glücklichsten Momente ihrer Liebe zu erinnern. Der Abschiedsschmerz wird nur durch einen leichten Hauch von Resignation etwas gemildert. In ihrem Billet bat sie Pietro, ihr mit eigenen Gedichten zu antworten, dazu kündete sie ihm ihren Besuch an. Bembo schrieb außer dem üblichen Datum auch eine lateinische Notiz auf das erhaltene Billet, die besagte, daß er dieses in Ferrara erhalten habe; außerdem schrieb er die erste Zeile von Marias Gedicht ab.

Einen Monat später schrieb ihm Maria, immer noch aus Ferrara, einen Brief, der vorzeigbar war. Er enthielt nicht nur den Namen des Adressaten, sondern auch ihre volle Unterschrift: Ma. Savorniana. Bembo datierte ihn auf den 26. September 1501. Pietro hatte Maria offenbar wissen lassen, daß er wieder nach Ferrara kommen werde, und deshalb bat sie ihn nun, ihr einige Kosmetika für ihre persönliche Pflege mitzubringen. Einem guten Familienfreund, wie er es immer gewesen war, konnte man wohl schon einmal einen solchen Auftrag geben. Dem letzten an Pietro geschriebenen Brief fügte sie ein Sonett bei, mit dem sie formell das Ende des Liebesverhältnisses erklärte. Es schloß mit der Aufforderung an den Geliebten, sich von jetzt an mit den verblichenen Veilchen ihrer Liebe zu begnügen. Bembo datierte den Brief diesmal nicht und notierte auch nicht, woher er ihn erhalten hatte. Er merkte nur an: «Trovasiani versi» und spielte damit auf den venezianischen Campo di San Trovaso an, wo sie sich offenbar öfter getroffen hatten. Maria schrieb, sie habe das Sonett im Traum gedichtet, und bat ihn, trotz allen Schmerzes, den ihm dies bereiten würde, die von ihr gewünschten Folgerungen zu ziehen und ihre Liebe als beendet zu betrachten. Die Liebesgeschichte, die mit einem Sonett von Maria begonnen hatte, wurde auf diese Weise auch durch ein Sonett von ihr beendet, wie es dem literarischen Rahmen entsprach, innerhalb dessen sich diese Liebe abgespielt hatte. Die Poesie diente zur Einführung, war eine Art Initiation, aber der Liebe wohnte von Anfang an eine so dramatische Spannung inne und war von solch glühender Leidenschaft erfüllt, daß die Lyrik allein sie nicht auszudrücken vermochte.

Das Schicksal Marias war vom Testament ihres Ehegatten vorgezeichnet. Es zwang sie als Witwe zur Keuschheit und opferte sie der Ehre des Clans. Deshalb war sie nach dem Tod ihres Mannes vor die Regierung getreten, denn die Bewilligung einer Pension hätte sie aus dieser Abhängigkeit befreien können. Ihr Bruder und der Schwager Girolamo begleiteten sie dabei, nicht aber der Schwager Tristano, der von seinem verstorbenen Bruder beauftragt worden war, sie zum Gehorsam anzuhalten. Die Ablehnung ihres Antrags bedeutete also die endgültige Verdammung zu diesem Los. Kaum dreißig Jahre alt und sicher sehr schön, wie die Bemerkung Sanudos über die Schönheit ihrer Töchter, die auf sie zurückstrahlte, erkennen läßt, dazu gebildet, eigenwillig, anziehend und in der besten Gesellschaft Venedigs verkehrend, mußte sie sich dennoch damit abfinden, auf immer der Liebe zu entsagen. Reime in der Manier Petrarcas zu schreiben und mit Pietro Bembo über die ideale Liebe zu diskutieren, wie dieser sie in seinen *Asolani* theoretisierte, war die einzige unschuldige Spielerei, die ihr erlaubt war. Ihre Liebe begann auf diese Weise. Wahrscheinlich wurde Pietro Bembo ihr von ihrem Schwager Girolamo vorgestellt, der humanistische Interessen hatte und mit Bembo befreundet war. So wurde sie gerade von demjenigen in das Gesellschaftsspiel der idealen Liebe eingeführt, der dessen Prophet werden sollte. Aber beim Erlernen der Spielregeln unter der Anleitung des alten Freundes der Familie brach plötzlich und unerwartet die wahre Leidenschaft über sie herein, die die Spielregeln verletzte und durch eine List des Schicksals auch den Dichter, der diese Regeln lehrte, erfaßte. Die Leidenschaft der Liebe wurde für Maria zu einem Akt der Freiheit, der ihrem verzweifelten Wunsch nach Unabhängigkeit entsprang und sie dazu führte, die ihr gebotene Keuschheit zu brechen, um ihre Würde als Frau zu verteidigen. Mit ihrer mutigen Rebellion gab sie der poetischen Tradition, die sich auf Petrarca berief, einen anderen, lebendigen Inhalt. Sie selbst schickte ihr Bildnis dem Geliebten, um aus spontanem Entschluß dem Ritual zu entsprechen, doch kehrte sie damit dessen Regeln zugleich um: Statt sich mit der Rolle als passives Objekt der Leidenschaft zu begnügen, trat sie als handelndes Subjekt im Spiel der Liebe auf. Maria überwand durch ihr Handeln den weiblichen Vorbehalt gegenüber dem Bildritual, den Leonardo auf seinem Bildnis der Ginevra Benci angedeutet hatte.

Nach dem Ende ihrer Liebe verschwand Maria aus Bembos Gesichtskreis. Wahrscheinlich übte ihr Schwager Tristano Druck auf sie aus, um sie zu bewegen, sich nach Friaul zurückzuziehen. Es sieht nicht so aus, daß das Liebespaar sich noch einmal begegnete. Auch Bembo verließ Venedig im Jahre 1502 und ging nach Ferrara, wo er im Haus seines Freundes Ercole Strozzi freundliche Aufnahme fand. Er erwähnt Maria noch zweimal in Briefen aus Ferrara an seinen Bruder Carlo, der noch eine Zeitlang mit Maria in Verbindung stand. Am 24. Dezember 1502 erkundigte er sich bei ihm, ob Maria nach Friaul aufgebrochen sei oder dies beabsichtige. Am 3. Juni 1503 bat er Carlo, ihn ihr zu empfehlen und ihr zu sagen, «daß sie sich manchmal daran erinnern möge, ihn ein wenig zu lieben». Am gleichen Tag schrieb er seinen ersten Brief an Lucrezia Borgia, die Herzogin von Ferrara, der Strozzi ihn vorgestellt hatte. Es war ein galanter Brief, in dem er der Herzogin einige Gedichte zur Huldigung darbot. Die

Korrespondenz mit Lucrezia Borgia verdichtete sich, und bald begann eine neue Liebesgeschichte. Wie echt die Gefühle dabei waren, bleibt ungewiß. Jedenfalls war diese Geschichte allein schon wegen der hohen gesellschaftlichen Stellung der angebeteten Dame nicht entfernt mit der zu vergleichen, die Bembo mit Maria erlebt hatte. 1505 erschienen endlich in Venedig die *Asolani*, eingeleitet von einem Widmungsbrief an Lucrezia Borgia mit dem Datum 1. August 1504.

Die wie auch immer geartete Liebe zu Lucrezia Borgia war nicht die letzte in Bembos Leben. Die für Bembos Gefühlsleben wichtigste und entscheidendste Beziehung begann etwa zehn Jahre später um das Jahr 1513. Es war eine Liebe, die jener im Zeichen Petrarcas diametral entgegengesetzt war. Bembo ging ein Verhältnis mit einer jungen Frau aus dem Volk namens Morosina ein, die vielleicht früher sogar eine Kurtisane gewesen war. Mit ihr lebte er lange Jahre im Konkubinat zusammen; aus der Beziehung gingen drei Kinder hervor. Diese Form des Zusammenlebens war für Bembo die einzig mögliche, denn er war in der Zwischenzeit Geistlicher geworden in der Überzeugung, daß er sich nur so die erforderlichen Einkünfte für ein Literatenleben sichern konnte.

An Maria dachte er vermutlich schon lange nicht mehr, obwohl er immer noch die besten Beziehungen zu Girolamo Savorgnan unterhielt. Erst sehr viele Jahre später, nicht vor 1535, nahm er die Briefe, die er ihr geschrieben hatte, wieder in die Hand und bereitete sie für den Druck vor. Er überarbeitete den Text gründlich, verschob die Daten und damit die chronologische Reihenfolge, so daß jeder Versuch, den Briefwechsel zu rekonstruieren, problematisch bleibt. Der erste Herausgeber wandte das vernünftige Kriterium an, die Briefe Bembos und jene Marias separat zu drucken. Er versuchte nach weiteren Studien auch, den beiden Serien eine gemeinsame chronologische Reihenfolge zu geben, doch das Ergebnis ist nur in wenigen Fällen überzeugend. Es fragt sich, ob dieser Versuch überhaupt sinnvoll ist, wenn man sich die wahre Natur des Liebesverhältnisses vor Augen hält. Mit der Überarbeitung der Briefe verfolgte Pietro Bembo vor allem einen literarischen Zweck; sie sollten seiner Absicht nach den Hintergrund der Entstehungsgeschichte der *Asolani* beleuchten. Dabei sorgte er sich vor allem darum, seine Passivität zu verwischen, um die Liebe zu Maria dem petrarkistischen Schema anzupassen. Deshalb schrieb er viele Briefe um oder ganz neu, so daß ihr literarischer Charakter noch mehr hervortrat als in den Originalen, die er klugerweise verschwinden ließ.

Dennoch hatte er nicht den Mut, die Wahrheit über zwei entscheidende Aspekte zu verbergen, und gab ehrlich zu, daß die Initiative zur Liebe und zum Bildnis nicht von ihm, sondern von der Geliebten ausgegangen war. Diese beiden Fakten, oft kunstvoll über mehrere Briefe verstreut, deren Chronologie manipuliert ist, konnten einem aufmerksamen Leser nicht entgehen, geschweige denn den Literaten. Es handelte sich um ein recht kompromittierendes Geständnis, das dem petrarkistischen Ideal zuwiderlief, und dies, obwohl er selbst mit zwei 1530 publizierten Sonetten das Ritual des Bildnisses neu lanciert hatte. Aber offenbar wollte er Maria dieses Unrecht nicht antun, nun da die alten Briefe die Erinnerung an sie wachgerufen hatten. Er akzeptierte es, als ein Liebender, der in der Jugend von der Initiative der geliebten Frau überwältigt worden war, in die Geschichte der Literatur einzugehen.

Die von Pietro Bembo an Maria Savorgnan gerichteten Briefe wurden auf Anweisung des Autors, der 1539 zum Kardinal erhoben worden war, erst postum veröffentlicht. Die *Lettere giovenili e amorose di Pietro Bembo scritte ad una donna il cui nome si tace* (Jugend- und Liebesbriefe von Pietro Bembo an eine Frau, deren Namen verschwiegen wird) erschienen 1552, fünf Jahre nach seinem 1547 erfolgten

Tod, beim Verleger Scotto in Venedig. Sie stehen im vierten Band der Briefe Bembos, der die an Frauen gerichteten Briefe enthält. Das Todesdatum von Maria Savorgnan ist unbekannt. Der Fluch der Savorgnan lastete noch jahrhundertelang auf ihr. Ihre herrlichen Briefe, die in der Tiefe von Bembos Archiv begraben lagen, fanden erst 1950 einen Herausgeber. Sie lassen vor unseren Augen eine ganz außergewöhnliche Frau wiederauferstehen.

Ippolito de' Medici und Giulia Gonzaga 6

Ippolito kam 1511 als natürlicher Sohn Giuliano de' Medicis, des jüngsten Sohns von Lorenzo dem Prächtigen, in Urbino zur Welt, wo sein Vater, aus Florenz verbannt, Zuflucht gefunden hatte. Nach der 1513 erfolgten Wahl seines Onkels Giovanni zum Papst mit dem Namen Leo X. wurde der kleine Ippolito nach Rom gebracht, wo er im Februar 1515 erstmals erwähnt wird. Über seine Erziehung wachten zwei Literaten, Bernardo Dovizi da Bibbiena und Pietro Bembo, die beide von der großen Anmut des Kindes so bezaubert waren, daß sie es herzten und hätschelten. Besonders Dovizi war so entzückt von ihm, daß er einmal sogar dem Vater gegenüber, der immer irgendwohin unterwegs war, den Wunsch äußerte, ihn ganz bei sich zu behalten. Er kümmerte sich mit großer Hingabe um das Kind, und wenn er sich aus Rom entfernen mußte, beauftragte er Bembo, ihn zu vertreten. Ippolito zeigte schon früh einen wachen Geist und eine besondere Begabung für das Studium. Bembo bestätigte Dovizi die in das Kind gesetzten Erwartungen, als er ihm am 3. April 1516 berichtete, daß Ippolito mit dem Lesen beginne: «O wie oft habe mich an das erinnert, was Ihr, mein Herr, von ihm vorausgesagt habt.»

Auch nach dem Tod des Vaters, der wenige Tage zuvor am 17. März in Fiesole gestorben war, blieb das Kind in Rom und wuchs am Hof seines päpstlichen Onkels auf. Unter der Anleitung Leos X. wurde es zur Verehrung seines bedeutenden Großvaters erzogen. Ippolito erhielt eine ausgezeichnete humanistische Erziehung und lernte so gut Latein, daß er Vergil und Ovid mit großem Geschick übersetzte. Ebensogut war ihm die italienische Dichtung vertraut; er schrieb selbst Verse von bester Qualität. Auch seine musikalische Ausbildung war exzellent. Paolo Giovio, der bekannte Literat und Höfling der Medici, schreibt diesbezüglich in einem seiner Werke, daß er «die Laute auf die süßeste Art spielte, die Violone sehr kunstvoll, vortrefflich die Flöte und unvergleichlich das kleine Horn. Auch spielte er auf lieblichste Weise das Monocord, und während er mit bewundernswerter Imitation die verschiedensten Harmonien komponierte, schlug er auch unsere Trommeln und blies die Trompeten sowie die anderen exotischen Instrumente, welche die Gemüter zum Krieg aufzurufen pflegen».

Nach dem Tod seines Cousins Lorenzo de' Medici, Herzog von Urbino, der nur eine Tochter hinterließ, Caterina, die spätere Königin von Frankreich, lebten nur noch zwei männliche Mitglieder der Familie Medici aus der Hauptlinie, die auf Cosimo den Älteren zurückging: Ippolito selbst, der natürliche Sohn Giulianos, und Alessandro, der natürliche Sohn Giulio de' Medicis, seit 1513 Kardinal. Beide waren von illegitimer Geburt, aber Ippolito hatte wenigstens den Vorteil, von einem legitim geborenen Vater abzustammen, während Alessandros Vater der natürliche Sohn des 1478 in der Pazzi-Verschwörung ermordeten Giuliano de' Medicis war. Ippolito war außerdem auch wegen seiner ausgezeichneten Erziehung und des größeren politischen Geschicks Alessandro überlegen. Nach der Aussage Scipione Ammiratos, des Panegyrikers der Medici, der aber immer gut informiert ist, vereinigten sich in ihm alle Tugenden seines Hauses. «Es schien», schrieb er, «daß nur in ihm viele Eigenschaften so vieler Männer seiner Familie zusammen zur Blüte kamen, fast als ob sie in diesem Sproß wiedergeboren worden wären, um das Andenken an jene wachzuhalten, die nicht mehr lebten. So sah man in ihm die Beherztheit seines Onkels Piero, den Ehrgeiz, sich im Waffenhandwerk Namen und Ruhm zu verschaffen, der den Herzog Lorenzo, seinen Cousin, ausgezeichnet hatte, die Kenntnis und das Studium der antiken Literatur und der modernen Poesie, die groß bei Leo, aber viel größer noch bei seinem Großvater, dem älteren Lorenzo, gewesen waren, weshalb sein Haus voll war von Kriegsleuten, Literaten, Musikern und jeder Art ausgezeichneter und berühmter Männer. Diesen seltenen Gaben des Geistes waren außer dem, was man vom Reichtum und vom Adel weiß, auch jene der Natur beigesellt: Schönheit und eine vortreffliche Bildung des ganzen Körpers, Anmut, die dazu angetan war, auch jedes grobe und barbarische Herz für sich einzunehmen, unermeßliches Streben nach Ruhm und Lob.»

Es konnte nicht ausbleiben, daß sich zwischen den beiden letzten Abkömmlingen des Hauptzweigs der Medici eine erbitterte Rivalität entwickelte, die in erster Linie die Herrschaft über Florenz betraf. Nach dem Fall der Republik infolge der kaiserlichen Belagerung im Jahre 1530, die mit der Kapitulation endete, sollte ein Fürstentum gegründet werden mit einem der beiden letzten Medici an der Spitze. Giulio de' Medici, der 1523 Papst mit dem Namen Clemens VII. geworden war, bewegte Karl V. dazu, seinen Sohn Alessandro zum Fürsten zu designieren. Um Ippolito den Weg nach Florenz zu versperren, ernannte er ihn 1529 zum Kardinal und überhäufte ihn mit kirchlichen Pfründen, die ihm erhebliche Einkünfte sicherten. Ippolito lag indes überhaupt nichts daran, Kardinal zu werden, obwohl der Onkel ihn von der Pflicht, die Tonsur und die niederen Weihen zu empfangen, dispensierte, und akzeptierte schließlich allein wegen der üppigen Einkünfte. So wenig war ihm die Würde wert, daß er bei jeder Gelegenheit drohte, den roten Hut an den Nagel hängen zu wollen, um seine Bestrebungen auf Florenz oder, in zweiter Linie, auf irgendein anderes weltliches Fürstentum zu richten.

In dieser Erwartung schuf er sich mit den finanziellen Mitteln, die sein Onkel ihm zusicherte, einen Hof, der wegen seines exotischen Anstrichs Bewunderung und Verwunderung bei allen Beobachtern erregte. Nach dem Bericht Ammiratos umfaßte er Hunderte von Personen merkwürdigster Herkunft: «Es gab dort immer Mohren aus der Berberei, aus edelster Familie, die in der Kunst des Reitens und des Springens und in anderen moresken Übungen wunderbar anzuschauen waren. Dort sahst du Tartaren, die im Bogenschießen und den wunderbar leichten Stichen beim Lanzenstechen unter den Italienern ihrergleichen nicht hatten. Es gab Inder, die teils wegen ihrer kräftigen Glieder, teils wegen der Geschicklichkeit und Gewandtheit des ganzen Körpers alle anderen im Ringkampf übertrafen. Von diesen schwammen einige auch ganz ausgezeichnet, und wenn sie endlos lange unter Wasser blieben, hättest du geglaubt, sie würden nie wieder auftauchen. Er hatte auch sehr viele Türken bei sich, die er immer zur Bewachung seiner Person einsetzte, da sie außerordentlich flink im Gebrauch der Waffen waren.» Im Garten hielt er sich dazu auch einen kleinen Zoo, in dem unter den anderen wilden Tieren ein Löwe und ein Bär hervorstachen. Um das Bild zu vervollständigen, sei hinzugefügt, daß er selbst ein erfahrener Fechter und ein unverbesserlicher Schürzenjäger war. Er verkehrte bei den Kurtisanen und einer von ihnen, Tullia d'Aragona, die in Rom wegen ihrer Bildung und ihres literarischen Salons besonders berühmt war, widmete er zwei kunstvolle Sonette in der Art Petrarcas.

An seinem glänzenden römischen Hof fehlten natürlich auch die Künstler und Literaten nicht. Nach Vasari, der einige Jahre in seinem

Dienst stand und deshalb sein Interesse für die schönen Künste sehr gut kannte, «hatte er an seinem Hof außer den anderen vortrefflichen Persönlichkeiten auch viele Bildhauer und Maler». Aber seine Liebe zur Kunst äußerte sich vor allem im Interesse für Medaillen. In seinem Dienst stand der Bildhauer und Stukkateur Alfonso Lombardi aus Ferrara, der sein und das Bildnis seines Onkels in Medaillenform in Gips goß. Nach dem Tod von Clemens VII. beauftragte er ihn mit dessen Grabmal, zusammen mit dem Leos X. Lombardi begann mit der Arbeit daran, mußte sie aber infolge von Ippolitos plötzlichem Tod unterbrechen. Ippolito nahm auch die Medailleure Valerio Vicentino und Giovanni Bernardi aus Castel Bolognese unter seinen Schutz, die er ebenfalls mit dem eigenen Bildnis und dem Papst Clemens' VII. beauftragte. Besonders Bernardi bewunderte er so sehr, daß er bei ihm verschiedene andere Medaillen mit unterschiedlichsten Darstellungen bestellte. Nach Vasaris Erzählung «überschüttete er ihn mit Geschenken und Liebenswürdigkeiten, aber der Höhepunkt war, als er sich bei der Abreise nach Frankreich, begleitet von vielen Herren und Edelleuten, zu Giovanni, der mit anderen dastand, umwendete und eine kleine Kette, an der eine Kammee im Wert von über sechshundert Scudi hing, vom Hals nahm, sie ihm gab und ihm sagte, er möge sie bis zu seiner Rückkehr behalten, in der Absicht, ihn dann zufriedenzustellen in dem Maße, wie er seine Kunst für würdig befinde.» Was die Malerei betrifft, so schrieb er mehrmals nach Genua an Perin del Vaga und forderte ihn auf, nach Rom zu kommen, um in seinen Dienst zu treten; nur der Tod hinderte ihn daran, diese Einladung zu verwirklichen. Auch mit Michelangelo, den er sehr schätzte, stand er in besten Beziehungen wie auch mit Sebastiano del Piombo, von dem noch die Rede sein wird. Er war ein großer Sammler von Kunst und besaß eine kostbare Sammlung von Gemälden des Parmigianino; eines der schönsten, das 1530 in Bologna gemalte, berühmte Porträt Karls V., schenkte er dem Kardinal Ercole Gonzaga. Unter den Literaten, denen er regelmäßig ein Gehalt auszahlte, seien der getreue Francesco Maria Molza, Claudio Tolomei und nicht zuletzt Francesco Berni genannt, einer der bedeutendsten italienischen Dichter des 16. Jahrhunderts.

Alle diese seine Extravaganzen empörten seinen Onkel, den Papst, nicht sonderlich. Das einzige, was er ihm vorwarf, war die übertriebene Freigebigkeit, mit der er sich Schulden über Schulden aufbürdete, und der unbezwingbare Wunsch, die Kardinalswürde loszuwerden. Über seine Verschwendungssucht zirkulierte in Rom eine hübsche Anekdote. Irritiert über seine fortgesetzten Geldforderungen, ließ sich der Papst von seinem Haushofmeister die Liste der Angehörigen seines Hofs bringen und strich mit eigener Hand eine gute Anzahl von Namen durch, in der weisen Überzeugung, daß sein Neffe nicht so viele Diener nötig habe. Dem Majordomus erwiderte Ippolito, das sei schon richtig, er brauche nicht so viele Diener, doch diese bräuchten ihn, und deshalb solle niemand entlassen werden. Trotz der ständigen Proteste des Papstes hatte Ippolito nicht die geringsten Bedenken, die Güter der Heiligen Römischen Kirche zu verschleudern. Einmal organisierte er eine große Jagd bei der Magliana, die ihn das hübsche Sümmchen von zehntausend Dukaten kostete. Als er im Oktober 1533 zusammen mit seinem Onkel seine Cousine Caterina nach Marseille zu ihrer Hochzeit mit dem künftigen König von Frankreich, Heinrich II., begleitete, machte er einen solchen Aufwand, daß er während der Festlichkeiten nach Aussage des Gesandten des römischen Königs Ferdinand sogar den französischen König Franz I. in Schatten stellte.

Clemens VII. war trotzdem nicht gewillt, ihn von der schweren und allzu kostspieligen Last der Kardinalswürde zu befreien. Einmal verlor er sogar vor dem venezianischen Botschafter Antonio Soriano die Beherrschung und schrie: «Er ist verrückt, zum Teufel, verrückt! Er will einfach kein Geistlicher sein.» In seinem Bericht an den Senat merkte Soriano treffend an, daß der Papst Ippolito zum Kardinalat zwinge, um ihn von Florenz fernzuhalten. Clemens VII. scheute keine Kosten, um ihn in Rom festzuhalten, bezahlte fortwährend seine Schulden und gewährte ihm immer weitere Einkünfte. Aber kein Geld war ihm genug, denn, so der Botschafter, «er ist sehr prächtig und freigebig, noch liegt ihm am Geld, aber mit dessen Hilfe hat er sich bei vielen eine nicht gewöhnliche Liebe und Zuneigung erworben.»

Es liegt auf der Hand, daß eine solche Persönlichkeit sich dem Spiel der idealen Liebe nicht entziehen konnte. Das Ritual war ihm schon wegen seiner lebenslangen engen Verbindung zu Pietro Bembo wohlbekannt. Ippolito hatte den Petrarkismus sozusagen mit der Milch der Amme in Urbino eingesogen, wo sein Vater, der «prächtige» Giuliano de' Medici, selbst Dichter in der Manier Petrarcas, mit Bembo einige Jahre lang in freundschaftlichem Verkehr gestanden hatte. Bembo reihte Giuliano unter die Hauptfiguren seiner *Prose della volgar lingua* ein, seines bedeutendsten Werks. Wie die *Asolani* in Dialogform abgefaßt, erschien diese poetische Abhandlung über die italienische Sprache 1525 in Venedig mit einer feierlichen Widmung an Clemens VII. Noch 1534 erinnerte er in einem aus Padua an den Freund Carlo Gualteruzzi gerichteten Brief mit Bezug auf Ippolito an «das Andenken seines guten und tüchtigen Vaters, dem ich so viel bedeutete, wie jedermann weiß».

Etwa hundert Kilometer südlich von Rom lebte in der Grafschaft Fondi eine noch sehr junge adlige Witwe, die wegen ihrer außergewöhnlichen Schönheit berühmt war. Ihr Name war Giulia Gonzaga. 1513 in Gazzuolo bei Mantua als Tochter von Ludovico Gonzaga, dem Sohn des Herzogs von Sabbioneta, geboren, war sie 1526 erst dreizehnjährig dem römischen Condottiere Vespasiano Colonna zur Frau gegeben worden. Vespasiano war nicht nur schon über vierzig Jahre alt, Witwer und Vater einer Tochter, sondern dazu noch hinkend und mißgestaltet. Er starb bereits 1528, knapp zwei Jahre nach der Hochzeit, und hinterließ im Testament alle seine Güter seiner Gemahlin mit der üblichen Auflage, keine neue Ehe einzugehen. Außerdem beauftragte er sie, seine Tochter Isabella mit Ippolito de' Medici – ausgerechnet mit diesem – zu verheiraten, der damals noch nicht Kardinal war. Natürlich war die Tochter eines Colonna keine angemessene Partie für den Neffen eines Papstes, der für diesen ganz andere Ambitionen hegte. Die Stiefmutter verheiratete Isabella deshalb mit einem ihrer vielen Brüder, Luigi Gonzaga, genannt Rodomonte, Condottiere wie sein Vater. Der Ruhm von Giulias Schönheit war geradezu legendär. Ludovico Ariosto pries sie im *Orlando furioso* (XLVI, 8), wo er Giulia mit einem unverkennbar von Petrarca übernommenen Bild vom Himmel herabsteigen läßt. Selbst bis nach Nordafrika gelangte die Kunde und veranlaßte den Korsaren Khair ad-din, genannt Barbarossa, seine Flotte auf die Küste des südlichen Latium zu richten. Er landete in Sperlonga und versuchte sich Giulias zu bemächtigen, um sie dem Sultan Soliman dem Prächtigen als kostbarsten Schmuck seines Harems zum Geschenk zu machen. Giulia entging mit knapper Not der Plünderung Fondis, und dieses ungewöhnliche Abenteuer lieferte Molza den Stoff für seine Ekloge *La ninfa fuggitiva* (Die flüchtige Nymphe), die dazu beitrug, den Ruf von Giulias Schönheit noch weiter zu vermehren.

Die fehlgeschlagenen Verhandlungen wegen der Heirat mit der Stieftochter boten Ippolito den willkommenen Anlaß, die Stiefmutter kennenzulernen. Eine Frau von solch gepriesener Schönheit war mehr denn jede andere geeignet, die Dame seines Herzens zu werden, und Ippolito ließ sich die günstige Gelegenheit nicht entgehen.

Nach der Sitte seiner Väter begann er Feste zu ihren Ehren zu veranstalten. Am 1. März 1531 berichtete Paolo Giovio aus Rom dem Herzog Francesco II. Sforza von grandiosen Bällen, Fechtkämpfen, Turnieren und Wasserschlachten, die Ippolito zu Ehren «der anmutigsten kleinen Witwe, Donna Iulia di Gonzaga», veranstaltet habe. Wenn auch mit einem gewissen Widerstreben, konnte Giulia, obwohl sie eigentlich von sprödem und zurückhaltendem Charakter war, nicht umhin, das Spiel mitzumachen. Sie wußte, daß es harmlos und ihr Verehrer dazu der Neffe des Papstes war, dem sich die Witwe eines Colonna nicht leicht verweigern konnte.

Ein Bildnis von Giulia Gonzaga mit dem nötigen poetischen Kommentar zu besitzen wurde deshalb eine der größten Aspirationen Ippolito de' Medicis. Mit der Ausführung beauftragte er einen Maler von großem Namen, Sebastiano del Piombo, der 1531 von Clemens VII. zum apostolischen Bullator ernannt worden war. Am 8. Juni 1532 schrieb Sebastiano an Michelangelo in Florenz, daß er am nächsten Morgen nach Fondi aufbrechen werde, wo er eine Dame porträtieren solle; er nehme an, damit in vierzehn Tagen fertig zu sein. Der Aufenthalt in Fondi zog sich jedoch sehr viel länger als angenommen hin und dauerte einen guten Monat lang. Erst am 15. Juli antworte er, wieder in Rom, auf drei Briefe Michelangelos, und aus seinem Schreiben geht hervor, daß er erst vor etwa zwei Tagen zurückgekommen war. Wahrscheinlich war in Fondi nicht alles so glatt gelaufen, wie es sich Sebastiano, ein erfahrener Porträtmaler, vorgestellt hatte. Ein Brief Molzas an Gandolfo Porrino, einen Literaten, der sein Freund und auch Giulias Sekretär in Fondi war, ist nicht datiert, wurde aber zweifellos kurz vor Sebastianos Abreise nach dort geschrieben. Diesem Brief läßt sich entnehmen, daß Giulia starken Widerstand gegen Ippolitos Initiative gezeigt hatte, daß die beiden erst nach Verhandlungen zu einer Übereinkunft gekommen waren und Ippolito fürchtete, die Dame könne ihre Zusage bereuen. Zwar hatte sie eingewilligt, dem Maler für das Porträt zu sitzen, war aber nicht bereit, alles passiv über sich ergehen zu lassen, und erlaubte dem Maler nicht, ihre schon über alles Maß gepriesene Schönheit auf dem Bildnis noch mehr herauszustreichen, wie es Sebastiano aufgetragen worden war. Giulia widerstrebte und zwang den Maler mehrmals, das Bildnis zu überarbeiten, um es ihren Vorstellungen, nicht dem Geschmack des Auftraggebers anzupassen. Ippolito hatte alles sorgfältig geplant: Molza, den Giulia gut kannte, beauftragte er, mit dem unverzichtbaren poetischen Kommentar zu beginnen, und dieser schickte ihr, um ihr Wohlwollen zu gewinnen, als erstes den Text einer im Entstehen begriffenen Komödie, die ihr Gefallen fand. Giulia behielt den Text in Fondi und gab ihn ihrem Bruder Rodomonte zu lesen, der ebenso begeistert war und die Komödie so bald wie möglich in Rom aufführen lassen wollte.

In der Zwischenzeit hatte Clemens VII. Ippolito zum Legaten beim Kaiser ernannt, der von den Türken bedroht war, und ihm eine große Summe zur Anwerbung der nötigen Truppen zur Verfügung gestellt. Ippolito war begeistert über den Auftrag, der ihm endlich die Möglichkeit bot, seiner Liebe zu den Waffen freien Lauf zu lassen, und ihm außerdem die Aussicht eröffnete, in nähere Verbindung mit Karl V. zu treten, in Hinsicht auf seine nie aufgegebenen Aspirationen auf Florenz. Das Bildnis Giulias lag ihm sehr am Herzen, aber die Herrschaft über Florenz war dann doch das wichtigste Ziel seines Lebens. Da er das Temperament seiner Dame kannte, ahnte er, daß Sebastianos verspätete Rückkehr Widerständen von deren Seite geschuldet war und er Gefahr lief, ohne Bildnis zu bleiben. Um dieses Risiko zu vermeiden, befahl er Alfonso Lombardi, ohne ihn über Sebastianos Auftrag zu informieren, sich ebenfalls nach Fondi zu begeben, um ein anderes Konterfei, wenn auch von viel kleineren

Maßen, zu schaffen. Giulia Gonzaga weigerte sich diesmal sofort, ihm Modell zu sitzen, obwohl sie ihn sehr freundlich aufnahm, dies aber, wie Lombardi schrieb, nicht etwa wegen des Auftraggebers, sondern wegen seiner eigenen künstlerischen Bravour. Giulia war offenbar über die Hartnäckigkeit irritiert, mit der sich Ippolito ein Bildnis von ihr verschaffen wollte. Lombardi «raubte» ihr Bildnis jedoch, wie es üblich war bei den Schönen, die sich verweigerten. Das heißt, er schuf aus dem Gedächtnis heraus eine Stuckmedaille, die er seinem Herrn so bald wie möglich aushändigte. Lombardi berichtete Ippolito vom Ergebnis seiner Reise, die wahrscheinlich in den August gefallen war, in einem Brief vom 3. September. Ippolito war indes bereits am 8. Juli mit einem Gefolge von zweihundert Edelleuten zu seiner Legation aufgebrochen, ohne vorher eines der beiden Bildnisse gesehen zu haben.

Molza machte sich seine Abwesenheit zunutze, um sich nach Modena, seiner Heimatstadt, zu begeben, wo seine Familie lebte. Vor der Abreise schrieb er an Porrino und äußerte seinen großen Wunsch, das Porträt zu sehen, von dem er annahm, daß es fertig war. Sollte dies nicht der Fall sein, riet er dem Freund, Sebastiano zu sagen, ihr Gesicht nicht größer als in Wirklichkeit zu machen. Diese Empfehlung läßt darauf schließen, daß Ippolito sich ein großes Porträt wünschte und gerade diese Dimension Giulias erste Widerstände herausgefordert hatte. Molza machte keinerlei Hehl daraus, daß er seine Verse über das Bild bereits geschrieben hatte, war dabei aber etwas vage, «damit der Ruhm um so größer sei». Er schrieb also den Lobpreis, ohne das Porträt überhaupt gesehen zu haben, denn auch er hatte keine Zeit, die Rückkehr Sebastianos abzuwarten, weil er nach Modena reisen wollte, wo er am 23. Juli ankam.

Das Liebesritual forderte engste Übereinstimmung mit Petrarcas Paradigma der weiblichen Schönheit, so daß sich der Dichter in seinen Versen um Ähnlichkeit mit der auf dem Bildnis dargestellten Dame keine Sorgen zu machen brauchte. Beweis dafür ist, daß die Stanzen Molzas, der das Bildnis nicht sah, sich nicht wesentlich von denen Porrinos unterscheiden, der es dagegen gesehen hatte. Beide Literaten sprechen zum Beispiel durchgehend von Giulias blonden Haaren, wie sie Petrarca an Laura preist, obwohl Giulia eine andere Haarfarbe hatte. Dabei handelte es sich um eine der bekanntesten Formeln Petrarcas, aber auch die anderen wurden in unendlicher Folge bis zum Überdruß wiederholt. Molza überreichte Ippolito sein kleines Poem, das wie das Porrinos fünfzig Strophen zu je acht Zeilen umfaßte, nach dessen Rückkehr nach Rom. *Le Stanze del Molza sopra il ritratto della Signora Giulia Gonzaga* zirkulierten in zahlreichen Handschriften, die anonym im zweiten Teil auch die Verse Porrinos enthielten. Der bekannte Literat Annibal Caro schickte noch 1538 Abschriften davon an andere Literaten und gab dabei an, auch ein Exemplar mit den Anmerkungen Pietro Bembos zu besitzen, dem Molza es offenbar geschickt hatte. 1539 wurden die beiden Gedichte ohne Erlaubnis der Autoren in Venedig zum ersten Mal gedruckt und im folgenden auch anderen Gedichtsammlungen des 16. Jahrhunderts beigefügt.

Trotz aller Vorsicht, die Giulia Gonzaga walten ließ, war ihrem Bildnis, für das sie leichtsinnigerweise schließlich doch Modell gesessen hatte, ein merkwürdiges und nicht ganz glückliches Schicksal beschieden. Das Stuckbildnis, das Lombardi ihr «geraubt» hatte, ging bald verloren, aber das große Ölbild von Sebastiano del Piombo stieß auf enormen Erfolg. Der Ruhm von Giulias Schönheit war so groß, daß nach Auslieferung des Originals an den Auftraggeber der Maler mit Bitten um Repliken geradezu überschüttet wurde. Er war klug genug gewesen, eine Kopie von Giulias Bildnis für seine Werkstatt einzubehalten. Diese diente ihm zur Vorlage für zahlreiche weitere Bildnisse, die nur in den Gesichtszügen mit dem Original übereinstimmten, aber im Format, in der Ausstattung, der Kleidung, Haltung und Körperform, ja auch in der Malunterlage verschieden waren. Wenigstens in einem bekannten Fall vertauschte er die Leinwand mit dem Schiefer, für dessen Gebrauch er bekannt war. Von den von Sebastiano selbst gemalten Bildnissen wurden wiederum Kopien von anderen Malern angefertigt, so daß sich Giulias wahres Aussehen schließlich in einer Unzahl von Bildnissen verlor, die mit ihrem Namen verbunden waren, aber keine Garantie für Ähnlichkeit mehr boten. Die Folge war, daß es nicht mehr gelang, das Original zu bestimmen, das Sebastiano nach dem lebenden Modell gemalt hatte. Nicht einmal die diesem Original am nächsten stehende Kopie konnte in diesem Labyrinth von Bildnissen bis heute identifiziert werden. Schon einige Jahre später zeigte sich Giulias wahre Berufung: Sie schloß sich in ein neapolitanisches Kloster ein und sympathisierte mit dem spanischen Reformator Juan de Valdés. Wenn wir dies berücksichtigen, so stehen die Bildnisse, die sie in einfacher Haltung, ohne Gestik und auffällige Kleidung zeigen, dem Original sicher am nächsten. In dieser Art ist sie auf einem kleinen Ölbildnis von guter Qualität dargestellt, das sich heute in der Galleria Nazionale in Parma befindet (Abb. Seite 112).

Während der Rückreise von Ungarn nach Rom hielt sich Ippolito im Oktober 1532 ein paar Wochen lang in Venedig auf und unterließ es dabei nicht, eine Nacht mit der berühmten Kurtisane Angela Zaffetta zu verbringen, die Aretino für ihre große Kunst, «auf das Antlitz der Wollust die Maske der Ehrbarkeit zu legen», pries. Anfang November begab er sich dann nach Mantua, um dort mit Kaiser Karl V. zusammenzutreffen. Im Dezember befand er sich in Bologna, wo Clemens VII. bis zum März 1533 wichtige Verhandlungen mit Karl V. führte. Während dieses Aufenthaltes in Bologna gab er Tizian,

Sebastiano del Piombo (zugeschrieben), Bildnis der Giulia Gonzaga, Parma, Galleria Nazionale

der dorthin gekommen war, um den Kaiser zu porträtieren, zwei Bildnisse von sich in Auftrag. Das eine davon, das ihn in ungarischer Tracht und mit Lanze und Schwert zeigt, ohne daß etwas auf seine Kardinalswürde hinwiese, befindet sich heute in der Pitti-Galerie in Florenz (Tafel 5). Anfang April brach er mit seinem Onkel in Richtung Rom auf, wo er endlich von Sebastiano del Piombo das Bildnis Giulia Gonzagas in Empfang nehmen konnte, das er vor fast einem Jahr in Auftrag gegeben hatte. Nach Vasaris Zeugnis lobte er es sehr. Auch Molza und Porrino übergaben ihm damals wahrscheinlich ihre Gedichte, womit das ganze Ritual zu seiner Vollendung kam.

Vasari schreibt auch, daß Ippolito das Ritual organisiert habe, «weil er in die Signora Giulia Gonzaga verliebt war». Ippolito machte aus dieser Liebe kein Geheimnis, aber es gilt festzuhalten, daß er dabei nicht im entferntesten an eine Ehe dachte. Zwar begann er zwischen Mai und Oktober 1534 mit Verhandlungen wegen einer Heirat, aber als Gemahlin faßte er nicht Giulia Gonzaga ins Auge, sondern Giulia da Varano, Herzogin von Camerino. Auch mit Sexualität hatte seine Liebe nichts zu tun, dafür waren die Kurtisanen da, obgleich der Verkehr mit ihnen die Gefahr der Ansteckung mit der Syphilis mit sich brachte. Er infizierte sich in der Tat, denn im Februar 1534 schrieb der Mantuaner Agent Francesco Peregrino aus Rom, daß Ippolito sich diese Krankheit geholt habe und sich nun mit Guajakaholz aus Amerika kuriere.

Der Entschluß, dieses Spiel erlesener Galanterie wiederzubeleben, hatte für Ippolito ganz andere Beweggründe. Seine scharfe Intelligenz und profunde literarische Bildung hatten ihn zur Erkenntnis gebracht, daß das petrarkeske Ritual des Bildnisses der Geliebten zwischen den beiden Polen der Ehe, die der Fortpflanzung sowie den patrimonialen und politischen Verbindungen zwischen den Familien diente, und der mit den Kurtisanen ausgeübten Sexualität eine dritte Option aufzeigte: die von gesellschaftlichen Zwängen freie Leidenschaft der Liebe, die sich aus dem Kult der weiblichen Schönheit speiste und die Verfeinerung des Geistes und den Adel der Sitten zum Ziel hatte. Er hatte in der idealen Liebe, wie sie theoretisiert wurde, zu Recht eine Möglichkeit für deren Erfüllung gesehen. Nur die Weigerung Giulias, die als Witwe ihre Keuschheit bewahren wollte, und ihre damit verbundenen religiösen Gewissenszweifel zwangen Ippolito, auf das Terrain des Gesellschaftsspiels auszuweichen. Dieses betrieb er mit so großem Eifer, daß es ihm gelang, die alte Konvention in ihrer glänzendsten und vollendetsten Form zu verwirklichen.

Zum Schluß seien nur flüchtig die weiteren Ereignisse seines kurzen, stürmischen Lebens gestreift. Der Tod Clemens VII. am 25. September 1534 beseitigte das größte Hindernis für seine Ambitionen auf Florenz. Nachdem er sich der Unterstützung eines großen Teils der Florentiner Optimaten und Exilierten versichert hatte, entschied er sich, erneut vor Karl V. zu treten, um ihn dazu zu bewegen, seinen Cousin Alessandro abzusetzen und ihn selbst zum Herzog von Florenz zu ernennen. Mit diesem Ziel verließ er Rom, um sich nach Tunis zu begeben, wo der Kaiser Krieg gegen die berberischen Korsaren führte. Bevor er sich einschiffte, legte er eine kurze Station in Itri ein, das nur wenige Kilometer von Fondi entfernt lag, um seine Liebe zur schönsten Frau Italiens, die ihm so große Ehre machte, erneut zu demonstrieren. In Itri aber erkrankte er plötzlich schwer. Giulia Gonzaga eilte an sein Krankenbett, um ihm Beistand und Trost zu spenden, aus Freundschaft und aus christlicher Nächstenliebe. Ippolito starb kurz darauf am 10. August 1535 im Alter von nur vierundzwanzig Jahren, man munkelte, am Gift, das ihm ein von Herzog Alessandro bestellter Meuchelmörder verabreicht haben sollte. Dafür gibt es jedoch keinen sicheren Beweis.

7 Alessandro Farnese und Faustina Mancini

Am 13. August, nur drei Tage nach dem Tod Ippolito de' Medicis, beeilte sich der neue Papst Paul III., der im Jahr zuvor Clemens VII. auf dem Papstthron nachgefolgt war, seinem Enkel Alessandro Farnese die einträglichsten kirchlichen Pfründen Ippolitos zu übertragen. Vor allem verlieh er ihm das wichtigste Amt, das Ippolito innegehabt hatte, nämlich das des Vizekanzlers der römischen Kirche. Damit erlaubte er ihm, seinen Wohnsitz im römischen Palast der Cancelleria zu nehmen, der von da an seine offizielle Residenz wurde.

Der 1520 geborene Alessandro war der älteste Sohn von Pierluigi Farnese, dem ersten Sohn Pauls III., und kurz nach der Wahl seines Großvaters zum Papst im Alter von nur vierzehn Jahren zum Kardinal erhoben worden. Die Farnese waren eine Familie des Feudaladels aus dem nördlichen Latium und hatten erst seit einer Generation ihre Geschicke mit denen der römischen Kirche verbunden. In diesen adligen Familien war es Brauch, den zweiten Sohn eine kirchliche Laufbahn einschlagen zu lassen, während der Erstgeborene die Aufgabe hatte, für die Fortpflanzung der Familie zu sorgen. In diesem Fall aber war der zweite Sohn, der 1524 geborene Ottavio, vier Jahre jünger als der älteste, und diese vier Jahre Abstand bedeuteten für Alessandro eine Verdammung. Ottavio im Alter von zehn Jahren zum Kardinal zu ernennen, hätte zu noch größeren negativen Reaktionen geführt, als sie schon Alessandros Wahl ausgelöst hatte, und zu warten, bis er älter war, barg Risiken. Paul III. stand schon in hohem Alter, und ein plötzlicher Tod hätte die Farnese in Gefahr gebracht, die ungeheuren Vorteile zu verlieren, die mit der Kardinalswürde verbunden waren. Deshalb war es am günstigsten, die Rollen des Erst- und Zweitgeborenen zu vertauschen, und dies wurde denn auch beschlossen. Die einzige Frage, die nicht gestellt wurde, war die nach der religiösen Berufung. Keiner der beiden Knaben hatte je die geringsten Anzeichen davon erkennen lassen.

Das Amt eines Kardinaldiakons zwang Alessandro Farnese nicht dazu, die Priesterweihe zu empfangen, aber forderte ihm doch Opfer ab, vor allem die Pflicht zum Zölibat. Alessandro, der wie Ippolito de' Medici ohne seine Zustimmung zum Kleriker gemacht wurde, blieb nichts anderes übrig, als sich der Lage anzupassen und die Rolle zu spielen, die die Familie ihm zugewiesen hatte. Als Trost blieben ihm die enormen Einkünfte, die der Großvater ihm sofort zur Verfügung stellte. Er mußte sich zwar mit dem Zölibat abfinden, aber doch deshalb nicht auf die Sexualität verzichten. So war es nur zu natürlich, daß er jede Möglichkeit ergriff, um seine jugendlichen Triebe auszuleben. Gegenüber Ippolito de' Medici hatte er allerdings den gravierenden Nachteil, in einer völlig veränderten historischen Situation zu leben. Die von Luther eingeleitete Reformation konnte große Erfolge aufweisen, so daß die in die Verteidigung gedrängte römische Kirche ihren höchsten Vertretern nicht mehr jene Freiheit der Sitten zugestehen konnte, die Ippolito problemlos genossen hatte. Ein beredtes Zeichen dafür ist, um nur das auffälligste Beispiel zu nennen, daß Ippolito sich als Adliger mit Lanze und Schwert porträtieren ließ, während sich Alessandro auf seinen Bildnissen immer im Ornat eines Kardinals darstellen lassen mußte. Gewiß, einige Freiheiten nahm auch er sich heraus, als er sich in jungen Jahren, das heißt in der Zeit, die uns hier interessiert, von Tizian malen ließ (Tafel 6). Sein von einem weichen, gepflegten Bart umrahmtes Gesicht strahlt wenig kirchliche Würde aus. Auf diesem Gesicht liegt vielmehr ein Ausdruck von großem Raffinement, ein Hauch von extremer Eleganz, die von der nonchalanten Geste unterstrichen wird, mit der der junge Prälat wie ein perfekter Edelmann die Handschuhe in der Hand hält. Niemand konnte indes behaupten, ihn je in zivilen Kleidern gesehen zu haben. Aber nur das Äußere änderte sich, die Sitten blieben die gleichen. Farnese widmete sich den Frauen mit dem gleichen Eifer, wie es Ippolito getan hatte. Auch er verkehrte gern mit Kurtisanen, war aber dabei vorsichtiger und steckte sich, soweit bekannt ist, nicht mit der Syphilis an.

Obwohl nicht so gebildet wie Ippolito, war Kardinal Alessandro doch nicht uninteressiert am römischen literarischen Leben. Sein Großvater hatte in der Jugend im Florenz Lorenzo de' Medicis studiert, war selbst überaus gebildet, wie es kein anderer aus seiner Familie von Kriegsleuten gewesen war noch je wieder sein wird. Paul III. bemühte sich deshalb sehr, seinen vier Enkeln eine Erziehung von hohem Niveau zukommen zu lassen. Um jene Alessandros hatte er sich besonders gekümmert, doch mit nicht allzu großem Erfolg. Immerhin konnte er Alessandro dazu bewegen, Ende 1537 jenen Molza, der Ippolito so gut bedient hatte, im Palast der Cancelleria aufzunehmen, ebendort, wo auch Ippolito residiert hatte. Der Poet aus Modena schrieb für seinen neuen Herrn viele italienische und lateinische Gedichte und versäumte es auch nicht, dessen Liebesaffären zu besingen. Dabei war er aber vorsichtig genug, sich einer bukolischen Chiffre zu bedienen, um die wahren Personen unkenntlich zu machen. Molza machte Alessandro auch mit jenem Gesellschaftsspiel bekannt, zu dessen Ritual das Bildnis der Geliebten und sein poetischer Lobpreis gehörte; eine Probe seiner Bravour, damit umzugehen, hatte er ja schon im Auftrag Ippolito de' Medicis gegeben. Ende 1537, als er gerade in farnesische Dienste getreten war, legte er letzte Hand an ein kleines Poem mit dem Titel *La Ninfa tiberina* (Die Tibernymphe), das Faustina Mancini, einer jungen römischen Adligen, gewidmet war, die damals schon an Schönheit alle anderen Damen Roms überstrahlte.

Sie war gegen 1519 geboren und hatte 1538 den Adligen Paolo Attavanti geheiratet. Der Wirkung ihrer Schönheit war sich die junge Dame wohlbewußt. Es genügte, wie berichtet wird, schon eine Verbeugung, die der noch sehr junge Ottavio Farnese, Herzog von Camerino, mit ostentativer Galanterie in der Öffentlichkeit vor ihr machte, daß «eine Röte ehrbarer Scham» ihr Gesicht überflog. Von dieser plötzlichen Röte sprach man noch wochenlang in der Ewigen Stadt. Sie produzierte eine Menge Sonette in der Manier Petrarcas, in denen die Vereinigung von Schönheit und Sittsamkeit auf ihrem Antlitz gepriesen wurde. Als Dichter zeichneten außer Molza und seinem alten Freund und Landsmann Gandolfo Porrino zwei Neulinge im farnesischen literarischen Zirkel, Giacomo Cenci und Dionigi Atanagi. Der Ruhm von Faustinas Schönheit wuchs mit den Jahren immer mehr, so daß Molza Alessandro Farnese 1541 vorschlug, sie zur Patin der «Accademia dello Sdegno» zu machen, in der sich unter der Schutzherrschaft des Kardinals eine beträchtliche Zahl der in Rom tätigen Literaten zusammengeschlossen hatte. Einer dieser Literaten, der Toskaner Luca Contile, beschrieb seinem Bologneser Freund Orlando Marescotti in einem Brief vom 22. Oktober 1541 Faustinas Schönheit in allen Einzelheiten und berichtete auch von der großen Bewunderung, die diese erregte. «Ganz Rom wetteifert miteinander, um sie zu sehen», schrieb er mit gesuchter rhetorischer Übertreibung, «und ich selbst nahm teil an diesem Zulauf von unzähligen Bewunderern, hohen Persönlichkeiten und Leuten von mittlerem sowie geringstem Stand, die alle einig in der Liebe, der Bewunderung und Verehrung dieser so großen Manifestation überirdischer Schönheit waren.»

Nach dem Schema des inzwischen wohlerprobten Liebesrituals schlug Molza Kardinal Alessandro vor, ein Bildnis der Mancini in Auftrag zu geben. Damit betraute dieser den kroatischen Miniaturmaler Giulio Clovio, der schon seit mehreren Jahren in seinem Dienst stand. In einem Brief vom 25. April 1543 berichtete Clovio dem Kardinal, das Bildnis schon «geraubt» zu haben, indem er vom Fenster eines Nachbarn aus der Schönen aufgelauert habe. Danach gelang es ihm, im Hause dieses Nachbarn, des römischen Adligen Bernardino Caffarelli, eine Begegnung zustande zu bringen, um ihr Bildnis genauer zeichnen zu können. Faustina Mancini wehrte sich sittsam mit «so graziösen Worten», schrieb Clovio, «daß es mir schien, ein Wunder von Anmut zu sehen». Caffarelli machte ihm jedoch Mut und versicherte, daß es ihm gelingen werde, sie zu überreden. So konnte schließlich das Bildnis nach allen Regeln der Kunst gezeichnet werden, und Molza schrieb ein erstes Sonett darüber, um neben dem «geliebten Antlitz» auch die Kunst des Miniateurs zu loben. Dem Sonett Molzas folgten zahlreiche andere aus der Feder der vielen arbeitslosen Dichter, die sich zuhauf der «Accademia dello Sdegno» angeschlossen hatten und von der finanziellen Unterstützung des Kardinals Farnese lebten: Alessandro Guarnello, Antonio Allegretti, Trifone Benci und andere mehr.

Der Triumph Faustina Mancinis war indessen von kurzer Dauer, denn sie starb schon wenige Monate später am 6. November 1543 bei der Geburt eines Kindes. Ihr Tod löste natürlich wiederum eine Flut von Sonetten aus. Sie flossen in einer Handschrift zusammen, die zum Druck vorbereitet wurde. In der Überschrift zur Sammlung dieser Gedichte «zum Tod», wie es heißt, von Molzas Geliebten, «der adligen römischen Dame Madonna Faustina Mancini», wird Molza selbst und nicht sein Herr, der Kardinal, als der Verehrer der Dame bezeichnet. Die Sammlung blieb jedoch einstweilen ungedruckt. Erst zwanzig Jahre später publizierte sie Dionigi Atanagi, der der Sammlung noch viele der anderen Gedichte zufügte, die Faustina zu ihren Lebzeiten gewidmet worden waren. Die zweibändige Ausgabe erschien 1565 in Venedig mit der Anmerkung, daß diese Gedichte «teils während des Lebens, teils zum Tod» von Madonna Faustina Mancina, der überaus schönen und sittsamen römischen Dame geschrieben worden seien. Kardinal Alessandro Farnese zog es also mit Rücksicht auf seine Kardinalswürde vor, im Hintergrund zu bleiben, denn er wollte vermeiden, daß sein Name mit dieser ganzen sensationellen Affäre öffentlicher Galanterie in Zusammenhang gebracht würde. Da es sich jedoch um eine ganz unschuldige, ideale Liebe handelte, sah er keinen Grund, Molzas Manuskript mit den von ihm in Auftrag gegebenen Sonetten zum Tod Faustinas nicht handschriftlich zirkulieren zu lassen. Auch erlaubte er Clovio, ihr Antlitz auf der Miniatur seines für Paul III. angefertigten, berühmten Stundenbuches wiederzugeben, auf der die Beschneidung Jesu dargestellt ist. Hier steht sie als Zuschauerin neben Simeon, der die Züge Pauls III. trägt.

Die kunstvolle Inszenierung des petrarkistischen Rituals zu Ehren von Faustina Mancini durch Molza und Kardinal Alessandro, ihren geheimen Verehrer, erregte dennoch ein gewisses Aufsehen in den farnesischen Kreisen. Clovios Zeichnung diente als Vorlage für ein Ölbildnis. Dieses ist verschollen, aber Paolo Giovio ließ sich später eine Kopie davon anfertigen, um sie der Porträtsammlung in seiner Villa in Como beizufügen. Dieses Bildnis ist erhalten (Abb. Seite 121 oben), und eine Inschrift oben auf dem Gemälde bezeugt, daß es die Züge Faustinas wiedergibt. Neben der Zeichnung Clovios, seiner

Anonym, Bildnis der Faustina Mancini, Como, Museo Civico

Girolamo Zudeli (zugeschrieben), Marmorbüste der Faustina Mancini, Rom, Museo Capitolino

Miniatur und dem auf die Zeichung zurückgehenden Ölbildnis wurde von Faustina auch eine Marmorbüste gefertigt (heute in den Kapitolinischen Museen in Rom), auf deren Sockel ihr Name eingeschrieben ist (Abb. Seite 121 unten). Ein Brief Annibal Caros vom 28. Juni 1543 ermöglicht es, sie dem wenig bekannten Bildhauer Girolamo Zudeli, genannt «mastro Fantino» (der Name leitete sich von seiner Heimatstadt Faenza her), zuzuschreiben, der damals in Rom tätig war. Drei Sonette aus der Feder von eher obskuren farnesischen Literaten feierten die Marmorbüste; sie sind in Atanagis Sammlung publiziert. Das Gesellschaftsspiel zog immer weitere Kreise und beschäftigte eine immer größere Zahl von Dichtern. Obwohl Farnese ein hoher Prälat war und kein einfacher Edelmann, milderte doch das Fehlen eines realen Liebesverhältnisses die Bedenken und erhöhte die Toleranz, zumindest im Kreis seiner engsten Höflinge. Wenn es sich aber um seine wahren Liebesverhältnisse handelte, ergriff Farnese sehr viel wirksamere Vorsichtsmaßnahmen, damit nichts davon an die Öffentlichkeit drang.

Alessandro Farnese und Livia Colonna 8

Nur einmal wirft der Auftritt des großen Malers Tizian ein etwas helleres Licht auf Kardinal Alessandros Liebesleben. Molza war am 28. Februar 1544 gestorben. Ein Jahr vor seinem Tod hatte er aber noch im Frühjahr 1543 den Kardinal nach Bologna begleitet, wo ein Treffen zwischen Kaiser Karl V. und Papst Paul III. stattfand. Während der Reise sahen sie in Pesaro Tizians berühmte «Venus von Urbino». Molza ließ es sich nicht nehmen, das Gemälde in einem Gedicht zu preisen, wobei er sich auch diesmal an Petrarca hielt: Auch Tizian war, so heißt es, in den Himmel aufgestiegen und hatte dort mit seinen Farben die Venus gemalt – «keusch, weise, anmutig, schön und lebendig». Farnese bewunderte das Gemälde so sehr, daß er Tizian um eine Kopie bat. Diese war schon fast fertig, als Giovanni Della Casa in Venedig sein Amt als apostolischer Nuntius antrat. Tizian wußte, daß der Nuntius mit Farnese in besten Beziehungen stand, und suchte ihn auf, um ihn um seine Vermittlung zu bitten, denn er hatte schon vor längerem, bis jetzt vergeblich, eine kirchliche Pfründe für seinen Sohn Pomponio erbeten. Della Casa riet ihm, der Kopie der Venus auch ein Bildnis von Farneses Geliebter beizufügen. Diese war eine Kurtisane namens Angela und arbeitete in einem römischen Bordell, das außer vom Kardinal und dem Nuntius auch von anderen Prälaten frequentiert wurde. Am 20. September 1544 berichtete Della Casa Farnese in einem Brief vom Vorschlag, den er Tizian gemacht hatte, und bat ihn um eine Zeichnung vom Gesicht der Kurtisane, die Clovio anfertigen sollte. Um der Initiative Druck zu verleihen, zitierte er den ersten Vers von Petrarcas Sonett über das angeblich von Simone Martini gemalte Bildnis Lauras («Quando giunse a Simon ...»), das am Ursprung des Rituals stand. Etwas schamlos, es auf das Bildnis einer Kurtisane zu übertragen! Der Kardinal verlor keine Zeit und schickte Clovios Skizze umgehend nach Venedig. Als Tizian Ende 1545 nach Rom kam, brachte er das Bildnis mit. Es ist das «Bildnis eines Mädchens», das sich heute im Museum von Capodimonte in Neapel befindet, wohin es aus der Kunstsammlung der Farnese gelangte (Tafel 7).

Tizian hatte die Kurtisane wie eine Dame aufgeputzt, um sie mit der kirchlichen Würde des Auftraggebers vereinbar zu machen. Auf dem Gemälde hat das Mädchen die in Zöpfe geflochtenen Haare züchtig um den Kopf gelegt. Sein Ausdruck ist schelmisch, aber ohne jeden Anflug von Umziemlichkeit. Clovio hatte sich auf seiner Zeichnung um Ähnlichkeit bemüht, da sie als Vorlage dienen sollte, was allerdings ein Nachteil war. Das Röntgenbild des Gemäldes zeigt in der Tat ein breites, rundliches Gesicht mit einer dicken Nase und breiten Nasenflügeln, großem Mund und fleischigen Lippen, Merkmale, die die Herkunft des Mädchens aus dem Volk verraten (Abb. Seite 125). Aus solch einem Gesicht konnte man trotz der beherrschten Haltung und der eleganten Kleidung leicht auf das Metier schließen, dem es nachging. Der Kardinal konnte das Bild deshalb unmöglich so akzeptieren, zumal die Ähnlichkeit mit der dargestellten Person allen Bordellbesuchern die Identifikation leichtgemacht hätte. Er trug Tizian deshalb auf, das Gesicht zu verändern. Dem Meister blieb nichts anderes übrig, als alle Ähnlichkeit zu verwischen. Er verlängerte und verfeinerte das Gesicht, das eine ovale Form bekam, und verschmälerte die Lippen und die Nasenflügel, so daß die Nase ein elegantes und fast aristo-

Tizian, Bildnis eines Mädchens, Röntgenaufnahme

kratisches Aussehen erhielt. Diese geschickten Korrekturen des Malers durchschaute niemand, und das Bildnis wurde in die Farnese-Sammlung als das Bildnis einer Unbekannten eingereiht. Jeder Bezug zur realen Person war damit ausgelöscht.

Die große Ungeniertheit, die Della Casa bei der ganzen Angelegenheit an den Tag legte, darf nicht verwundern. In seiner hartnäckigen, erbitterten Misogynie brachte er nicht das geringste Verständnis auf für die tiefe Reflexion über die Liebe, die Petrarca angestoßen hatte. Der Petrarkismus war für ihn nur eine rhetorische Fiktion, offen für Gesellschaftsspiele jeder Art und folglich auch auf die Liebe im Bordell übertragbar, die einzige, die er kannte. Farnese ging es nicht anders, denn auch er hatte bislang keine wahre Leidenschaft erlebt. Er unterließ es aber weise, Sonette über das Bildnis schreiben zu lassen. Der Großvater erfuhr von der ganzen Operation deshalb nichts. Doch über die Bordellbesuche des Enkels wurde er durch einen seiner vielen Höflinge unterrichtet, der Kardinal Alessandro beschattete. Dies entnehmen wir einem Brief, den Giovanni Battista Cervini am 14. April 1546 an seinen Verwandten, den Kardinal Marcello Cervini, schrieb. Kardinal Cervini war damals päpstlicher Legat auf dem Konzil von Trient, Giovanni Battista sein Informant an der römischen Kurie. Nach Aussage des Briefs hatte sich Paul III. einem Vertrauten gegenüber, der ihm von den Eskapaden seines Enkels erzählt hatte, zu einem sehr harten Urteil hinreißen lassen. Er sagte, daß er ihn immer schon für einen Nichtsnutz gehalten habe. Angesichts seines liederlichen Lebens und seines Mangels an Grips fürchte er, daß er mit seinen Abenteuern ein kürzeres Leben haben werde als er selbst. Er werde einen Entschluß fassen, wie mit ihm umzugehen sei. Zwar ergriff er keine konkreten Maßnahmen, aber das Mißtrauen dem Enkel gegenüber blieb eine Konstante in ihrem Verhältnis.

Schon im Oktober 1541 hatte der Literat Luca Contile in seinem Brief ausführlich beschrieben, wie eine andere römische Dame nicht ohne Erfolg Faustina Mancini die Palme der Schönheit streitig machte, auch weil sie seiner Meinung nach diese an Geist übertraf. Es handelte sich um eine Dame aus dem höchsten und mächtigsten Adel von Rom: Livia Colonna. Sie war gegen 1522 als Tochter von Marcantonio Colonna und Lucrezia Franciotti Della Rovere auf die Welt gekommen, aber vom Erbe ihres Vaters ausgeschlossen worden, das auf ihre Cousins Vespasiano, den Sohn Prosperos, und dann auf Ascanio, den Sohn Fabrizios, überging. Letzterer hatte die Pflicht, ihr eine Mitgift auszusetzen, aber als ein anderer Cousin, der Condottiere Marzio Colonna, Herzog von Zagarolo und bereits Witwer, sie zur Frau begehrte, weigerte er sich, diesem die Mitgift auszuzahlen. Marzio raubte daraufhin Livia, anscheinend mit Hilfe Pierluigi

Farneses, und heiratete sie 1539. Der empörte Ascanio beschuldigte Papst Paul III., den Raub nicht verhindert zu haben. Diese Heirat war einer der Gründe, die Ascanio dazu führten, sich gegen den Papst aufzulehnen. Der Aufstand wurde in wenigen Monaten von Pierluigi Farnese niedergeworfen. Aus der Ehe Livias mit Marzio Colonna ging nur eine Tochter hervor: Orinzia.

Der Ruhm von Livias Schönheit wuchs mit den Jahren und teilte Rom, wie Annibal Caro in einem Brief von 19. Mai 1543 schrieb, in zwei Parteien, deren eine für Faustina Mancini, die andere für Livia Colonna schwärmte. Der Tod ihrer Rivalin im November 1543 ließ Livia als Siegerin zurück. Drei Jahre später, 1546, starb ihr Gemahl, und ihr Witwenstand erhöhte sogar noch die Verehrung der Literaten. Unter diese mischte sich nach und nach auch Kardinal Farnese, unbekümmert um die jüngsten Konflikte seiner Familie mit den mächtigen Colonna. Eine Augenkrankheit Livias gab ihm den Anlaß, mit ihr dasselbe Gesellschaftsspiel zu treiben, das er mit Faustina Mancini gespielt hatte. Um ihre Genesung zu feiern, ließ er von den üblichen Literaten seines Hofs (Annibal Caro, Gandolfo Porrino und anderen) Verse schreiben und gab den Auftrag, sie zu sammeln. Sie wurden in einer eleganten Pergamenthandschrift zusammengestellt. Am Anfang dieser Handschrift steht eine Giulio Clovio zugeschriebene Miniatur mit dem Bildnis Livia Colonnas (Abb. Seite 128). Der Tod von Livias Gemahl ermutigte Kardinal Alessandro, sich noch weiter vorzuwagen und vom Gesellschaftsspiel zu einer echten Liebeswerbung überzugehen. Damit hatte er Erfolg, und Livia Colonna wurde schon bald seine Geliebte. Dennoch hielt er sich auch diesmal ohne Bedenken an das Bildnisritual, das ihm eine bequeme Tarnung für seine verbotene Liebe bot. Er ließ mehrere Porträts von Livia in Öl malen.

Das älteste erhaltene Inventar der Kunstsammlungen des Palazzo Farnese aus dem Jahr 1644 verzeichnet vier Porträts von Livia Co-

Giulio Clovio (zugeschrieben), Bildnis der Livia Colonna, Miniatur, Biblioteca Apostolica Vaticana, Barb. lat. 3693, Frontispiz

lonna im Gewand einer Witwe. Sie wurden demnach auf Anweisung des Kardinals nach dem Tod ihres Gemahls gemalt, das erste möglicherweise schon gleichzeitig mit Clovios Miniatur, die anderen später. In drei Einträgen des Inventars wird der Name der Dargestellten genannt, im vierten heißt es nur: «eine verwitwete Dame aus dem Haus Colonna». Dieses Bildnis wird hier Tizian zugeschrieben, der Anfang Juni 1546 in Rom war, aber nichts bestätigt diese Angabe. Das Inventar der Sammlung von Don Diego Hurtado de Mendoza, der von 1548 bis 1552 kaiserlicher Gesandter in Rom war, führt zwei Bildnisse von Livia Colonna auf, aber nur von einem heißt es, daß sie darauf als Witwe dargestellt sei, keines davon wird indessen Tizian zugeschrieben. Während seines Aufenthalts in Rom traf der Gesandte oft mit Kardinal Farnese zusammen und erhielt vielleicht von ihm die Erlaubnis, wenigstens eines seiner Gemälde kopieren zu dürfen. Giorgio Vasari gibt außerdem an, daß auch Jacopino del Conte, der «Hausmaler» der Farnese, Livia Colonna, «eine sehr edle Dame ob der Berühmtheit ihres Bluts und unvergleichlich an Tugend und Schönheit», porträtiert habe. Wenn er Livias Witwenstand auch nicht erwähnt, weil er das Bildnis vielleicht gar nicht gesehen hatte, so handelt es sich bei dem genannten Werk doch sicher um eines der Porträts, die der Kardinal hatte malen lassen. Kein einziges davon ist jedoch identifiziert worden. Auf einem der vier Porträts ließ Farnese Verse zu ihrem Preis einschreiben. So heißt es im Inventar der farnesischen Sammlungen aus dem Jahr 1653 mit Bezug auf das angeblich von Tizian gemalte Bildnis. Farnese hatte in der Tat Gandolfo Porrino, der seit längerem schon in seinen Dienst getreten war, mit einem Poem beauftragt, den *Stanze in lode della Signora Livia Colonna*, in welchen nach dem Vorbild der Stanzen auf Giulia Gonzaga mit ermüdender Ausführlichkeit und den gewohnten Stereotypen die außerordentliche Schönheit der Dame gepriesen wird. Porrino unterließ es nicht, auch die Schar der Maler zu loben, die die Bildnisse der Dame gemalt hatten. Namen nennt er jedoch nicht und nur einem dieser Maler zollt er ein besonderes Lob: Er habe alle anderen übertroffen, weil er in ihrem Antlitz auch die Feinheit ihres Geistes zum Ausdruck gebracht habe. Welchen Maler er meinte, wissen wir nicht. Porrino schloß seine *Stanze* schon im Sommer 1548 ab, worauf sie sein Herr in eine «mit goldenen Großbuchstaben geschriebene Handschrift für die vortreffliche Signora Livia» einbinden ließ. Porrino fügte die Stanzen später der Sammlung seiner *Rime* bei, die er 1551 mit einer hochtönenden Widmung an seinen großzügigen Patron in Venedig drucken ließ.

Farnese begnügte sich nicht mit Porrinos Stanzen. Er wandte sich auch an einen viel bedeutenderen Literaten, Giovanni Della Casa. In einem Brief vom 21. Juli 1548 teilte Della Casa Porrino mit, daß der Kardinal ihn um ein paar Sonette an eine Dame gebeten habe, die ihm sehr teuer sei: «Dieser Herr wünscht sie, und für diesen Herrn müssen sie gemacht werden», schrieb er an Porrino, «aber meine verfluchte Muse will auf Befehl einfach nicht singen. Aber ich will ihr so sehr schmeicheln, daß sie zum Schluß doch gut oder schlecht irgend etwas sagt.» Giovanni Della Casa, Nuntius in Venedig und Erzbischof von Benevent dank der Bemühungen Kardinal Farneses, war einer von dessen treuesten Klienten und hoffte, mit seiner Hilfe auch die angestrebte Ernennung zum Kardinal zu erreichen. Er konnte sich deshalb den Wünschen des Kardinals nicht entziehen, und obwohl seine Muse sich störrisch zeigte, blieb ihm nichts anderes übrig, als die gewünschten Sonette zu dichten. Er schrieb sie in wenigen Wochen mit einer Schnelligkeit, wie sie bei ihm, der am Perfektionismus litt, eher ungewöhnlich war. Am 18. August 1548 berichtete ihm sein römischer Vertrauter Giovanni Bianchetti nach Venedig, daß die vier Sonette dem Kardinal übergeben worden seien.

Dieser verzichtete jedoch darauf, sie zirkulieren zu lassen, um seine Leidenschaft für Livia Colonna nicht publik zu machen. Sie machten aber trotzdem die Runde und hatten großen literarischen Erfolg; Bianchetti schrieb im gleichen Brief, daß der Florentiner Literat Bartolomeo Cavalcanti, ein Höfling Farneses, sie sehr gelobt habe. Ein anderer römischer Freund Della Casas, Carlo Gualteruzzi, berichtete ihm monatelang von dem Echo, das sie auslösten. Er selbst lobte sie über alle Maßen und berichtete vom Enthusiamus anderer Bewunderer. Jemand hatte schon zwei auswendig gelernt, um sie dem Kardinal vorzutragen, woran dieser großes Gefallen fand. Auch Alessandros jüngerer Bruder Ranuccio, Kardinal auch er, bat darum, sie zu sehen. Gualteruzzi, der sie gerade nicht bei sich hatte, antwortete, daß sie «wegen ihrer Anmutigkeit in Prozession» herumgingen, und versprach, sie ihm am nächsten Tag zu bringen. Auch Ranuccio lobte Della Casa sehr.

Della Casa hatte zwei Jahre zuvor nicht an der poetischen Zelebration von Livia Colonnas Genesung teilgenommen. Die Gedichte, die er jetzt zu ihren Ehren schrieb, waren den damaligen an literarischer Qualität haushoch überlegen. Nach dem Tod Pietro Bembos, dessen treuester Schüler er gewesen war, war er auf dem Weg, diesen im Ruhm als größter Vertreter des Petrarkismus in Italien sogar zu übertreffen. Seine Sonette, mit Zitaten aus Petrarca nur so gespickt, waren diesen auch im Geist verwandt. Sie fingierten, daß die spröde, widerstrebende Dame der leidenschaftlichen Liebe ihres Verehrers einen hartnäckigen Widerstand entgegensetzte und ihn floh, um auf Bergen und in Wäldern Zuflucht zu suchen, «froh ihres tödlichen Schmerzes». Mit Bezug auf Livias Namen (Colonna = Säule) befleißigte er sich auch einer «steinigen» Thematik und sprach von Klippen, Kieseln, Marmor und Felsen, was gut zur erbarmungslosen Grausamkeit der Dame paßte. Natürlich wußte der Dichter nichts (oder wollte nichts wissen) von der wahren Natur des Liebesverhältnisses. In enger Anlehnung an Petrarca und die sich auf diesen beziehende literarische Tradition, die ein Liebesverhältnis solcher Art ausschloß, strebte er vor allem nach formaler Perfektion. Es versteht sich, daß ein solcher Ansatz den Absichten Farneses entgegenkam. Der Kardinal war nicht daran interessiert, daß die Kunde von seiner recht fleischlichen Liebe zu Livia Colonna an die Öffentlichkeit drang.

Die vier Sonette Della Casas fanden also eine gewisse handschriftliche Verbreitung, die sich der Kontrolle des Autors entzog. Sie wurden denn auch zusammen mit sechs anderen seiner Gedichte ohne sein Wissen 1551 gedruckt. In den vier Sonetten nannte Della Casa wie üblich den Namen der Geliebten nicht, wenn auch einige Metaphern auf ihre Identität anspielten, die den engsten Höflingen des Kardinals nicht unbekannt gewesen sein dürfte. Auch dem Papst kam etwas «von seiner Zuneigung zu der Signora Lyvia» zu Ohren. Er sorgte sich, da ihm das nächtliche Herumstreifen in der Nähe des Palazzo Colonna, Livias Wohnsitz, sehr gefährlich erschien. Paul III. machte seinem Neffen heftige Vorhaltungen und warf ihm vor, daß er nicht fähig sei, üble Nachrede wegen seines Liebeslebens zu vermeiden. Kardinal Alessandro wußte, daß ein gewisser Girolamo da Pisa, ein Kriegsmann, den Spion abgegeben hatte, und wartete nur auf einen günstigen Augenblick, um ihm das heimzuzahlen. Von der ganzen Geschichte berichtet eine Depesche des florentinischen Agenten Bernardo Buonanni an Herzog Cosimo I. de' Medici mit dem Datum 29. Juni 1549.

Die Denunziation hatte jedoch keine weiteren Folgen, denn der Papst war mit sehr viel schwerwiegenderen Problemen beschäftigt, die ihn ständig zu diplomatischem und politischem Handeln nötigten. Die Ermordung seines Sohnes Pierluigi im Jahr 1547 und die darauffolgende Besetzung von Piacenza durch die Spanier bedrohten die Existenz des Herzogtums Parma und Piacenza, das Paul III. 1545 für seine Familie gegründet hatte, an den Wurzeln. Es waren die letzten Lebensmonate des Papstes – Paul III. starb am 10. November 1549. Das am 29. November 1549 eröffnete Konklave für die Wahl seines Nachfolgers absorbierte Kardinal Farneses Aufmerksamkeit voll und ganz, und es ist ungewiß, ob er noch Zeit fand, sein Verhältnis zu Livia Colonna zu pflegen. Die immer verwickeltere Frage von Parma zwang ihn im April 1551, Rom zu verlassen, und dies besiegelte wahrscheinlich das Ende dieser Liebe. Als er im Sommer 1554 nach einem langen Aufenthalt in Frankreich nach Rom zurückkehrte, erfuhr er, daß Livia am 21. Januar von zwei Meuchelmördern in ihrem Palast umgebracht worden war. Der Auftraggeber war Pompeo Colonna, der Gemahl ihrer Tochter Orinzia, der sich wegen Geldfragen mit seiner Schwiegermutter überworfen hatte.

Farnese blieb dem petrarkistischen Ritual treu, das Molza ihm mit den Versen für Faustina Mancini nahegebracht hatte, und wollte jetzt mit doppeltem Eifer das Andenken von Faustinas Rivalin ehren. Deshalb beauftragte er Francesco Cristiani, einen sonst wenig bekannten Literaten, über den tragischen Tod Livia Colonnas einige Gedichte zu verfassen und alle anderen für sie geschriebenen zu sammeln, um sie in einem Bändchen drucken zu lassen, das diesmal ohne Verzug 1555 in Rom erschien. In diesem Bändchen sind alle Gedichte enthalten, die Farnese zur Genesung von Livia Colonnas Augenkrankheit hatte schreiben lassen, dazu die vier Sonette Della Casas und weitere aus der Feder von zahlreichen farnesischen Hofdichtern. Die Aufteilung ist die traditionelle in «Sonette zu Lebzeiten» und «Sonette nach dem Tod», wie sie sich in den Ausgaben von Petrarcas *Canzoniere* fand. Cristiani ging ziemlich schlampig vor, denn er fügte auch zwei Sonette des schon im Februar 1544 verstorbenen Molza bei, als Farnese noch kein besonderes Interesse für Livia Colonna bekundet hatte. Das Frontispiz zeigt einen ziemlich groben Stich mit ihrem Bildnis, der wahrscheinlich auf einem der vier von Farnese in Auftrag gegebenen Ölgemälde beruht. Der Kardinal sorgte aber dafür, daß sein Name nicht mit diesem Druck in Verbindung gebracht wurde. Nicht einmal die *Stanze* Porrinos, die in der Ausgabe von 1551 mit einer Widmung an ihn versehen waren, ließ er beifügen. Dafür ließ er das Bändchen mit einer Widmung an Kardinal Ippolito d'Este beginnen, der mit Livia Colonna nie etwas zu tun gehabt hatte und ihm auf diese Weise seinen Namen zu Tarnung lieh.

9 Epilog: Der Tempel der Tugend

Livia Colonna war nicht die letzte Geliebte Alessandro Farneses. Er hatte noch viele andere, in Frankreich und in Rom nach seiner Rückkehr von dort. Aber keine ließ er malen und für keine Verse schreiben. Das Ritual war endgültig aus der Mode gekommen. Oder besser: Es war unmöglich geworden, es auch weiterhin zu praktizieren, nicht nur für die Prälaten, sondern auch für die Laien. Die Kirche der Gegenreformation verschärfte die Kontrolle über die Sitten mit einer bislang unbekannten Strenge und machte das Ritual unvereinbar mit der einzigen Form von Liebe, welche die Kirche zuließ, nämlich die Liebe zwischen den Eheleuten, die durch das Sakrament legimitiert und deren Zweck die Zeugung von Kindern war. Bezeichnend ist für diese Entwicklung der Weg, den Giovanni Della Casa einschlug, der größte petrarkistische Dichter nach Bembo und so eifrige Förderer des Rituals.

Der Tod Pauls III. stürzte den treuen Diener der Farnese in eine tiefe Lebenskrise, denn er erkannte, daß seine größte Ambition, die Erhebung zum Kardinal, keine Aussicht auf Erfolg mehr hatte. Noch am gleichen Tag, an dem der Papst gestorben war, am 10. November 1549, schrieb ihm Kardinal Farnese einen Brief mit der Trauernachricht und drückte ihm darin zugleich sein Bedauern darüber aus, daß es ihm nicht gelungen war, ihm die ersehnte Ernennung zu verschaffen. Della Casa nahm dies sehr übel auf und verzieh ihm nie, daß er nicht alles darangesetzt hatte, seinen Wunsch zu erfüllen, solange sein Großvater noch am Leben war. Ende Dezember 1549 beendete er seine Nuntiatur in Venedig und kehrte Anfang 1550 nach Rom zurück. Der neue Papst Julius III., der ihn gut kannte, bot ihm das Amt eines Nuntius in Frankreich an, das er ablehnte. Die fehlgeschlagene Erhebung zum Kardinal bedeutete für ihn das Scheitern seines öffentlichen Lebens, aus dem er sich zurückzuziehen gedachte, um nur noch der Literatur zu leben. Er blieb aber noch ein paar Monate in Rom. Hier erhielt er im März die Nachricht von der Geburt seines Sohns Quirinetto, dessen Mutter eine venezianische Kurtisane war. Diese verheiratete er sofort mit einem Kürbisbauern und stiftete ihr eine Mitgift von 1000 Skudi; den Sohn gab er ins Haus der Familie Querini. In der Zwischenzeit bemühte er sich auch darum, seine Stellung in der kirchlichen Laufbahn zu regeln, die er keineswegs aufgeben wollte. 1544 hatte er das Erzbistum Benevent erhalten, war aber aufgrund seiner Nuntiatur in Venedig von der Bischofsweihe dispensiert worden. Nach dem Ende der Nuntiatur ließ er sich 1550 endlich zum Bischof weihen, aber die durch das Dekret vom 3. März 1547 des Trienter Konzils den Bischöfen auferlegte Pflicht, im Bistum zu residieren, mißachtete er. Julius III. mußte ihm eine weitere Dispens erteilen, die es ihm in der zweiten Hälfte des Jahres 1551 ermöglichte, nach Venedig statt nach Benevent überzusiedeln. Er setzte nie den Fuß in sein Erzbistum, was ihn aber nicht hinderte, dessen Einkünfte regelmäßig zu beziehen.

In die Zeit seines Aufenthaltes in Rom fällt wahrscheinlich auch die Niederschrift der bekannten Canzone in sechs Stanzen «Errai gran tempo ...», des großen Widerrufs aller seiner Sünden. Hierin bereute er seine verflossenen Lieben (in Wahrheit hatten sie alle Huren gegolten) und das Streben nach weltlichen Ehren und literarischem Ruhm, bekannte sein Unrecht und versprach feierlich, sich fortan nur noch der Liebe zu Gott zu weihen. Diese Canzone setzt den Schlußstrich unter die petrarkistische Phase seiner Dichtung und eröffnet jene der religiösen, die streng dem gegenreformatorischen Diktat folgt. Um die gleiche Zeit wahrscheinlich bat ihn Kardinal Ranuccio Farnese, der seine vier Sonette zu Ehren Livia Colonnas bewundert hatte, um ein weiteres zu ihrem Lob. Ranuccios Bitte entsprang einem rein literarischen Interesse, denn er wußte nichts vom wahren Verhältnis seines Bruders zur römischen Dame. Della Casa konnte die Bitte schlecht abschlagen und schrieb ihm das Sonett, erklärte zu seiner Entschuldigung aber auch, daß er nicht mehr fähig sei, in der alten Manier Livias Schönheit zu besingen. Es sei besser, sich dafür an einen anderen Dichter zu wenden, denn seine «bescheidene Leier» sei zersprungen und weggelegt. Auch dieses Sonett fand eine gewisse handschriftliche Verbreitung. Eine Abschrift erhielt auch Alessandro Farnese, der das Gedicht in die 1555 von Cristiani besorgte Ausgabe der Gedichte zu Ehren Livia Colonnas einfügen ließ, aber getrennt von den vier Sonetten Della Casas aus dem Jahr 1548.

Eine zweite Abschrift beschaffte sich Girolamo Ruscelli, der das Sonett ebenfalls im Jahre 1555 in einer Sammlung mit dem Titel *Del tempio alla divina Signora Donna Giovanna d'Aragona* (Von dem der hohen Signora Donna Giovanna d'Aragona errichteten Tempel) druckte, die er dem Kardinal Cristoforo Madruzzo, Erzbischof von Trient, widmete. Diese Sammlung markiert den offiziellen Übergang zu einer Dichtung erbaulichen Charakters, die sich streng an die Gebote der Gegenreformation hielt. In seiner langen Widmung an Madruzzo betonte Ruscelli den religiösen und nicht galanten Charakter seiner Sammlung. «Dies ist eine Auswahl von verschiedenen Dichtungen über verschiedene Liebesthemen», präzisierte er, um jedes Mißverständnis auszuräumen, «aber es ist ein Tempel, in dem ein jeder dieser großen Dame seine Bitten, seine Gelöbnisse und seine würdigen Lobpreisungen darbringen darf.» Er selbst wolle sich in diesem Tempel nur als «Küster, Diakon und Ministrant» bekannt machen und sich in «die glorreiche Priesterschar» einreihen, die ihr Lob sangen. Die klerikale Terminologie kennzeichnet gut den Inhalt dieser Dichtungen.

Giovanna d'Aragona war 1502 als Tochter von Ferdinando di Castellaneta geboren worden, einem illegitimen Sohn des Königs von Neapel Ferrante d'Aragona. Man rühmte sie gleichermaßen wegen ihrer Schönheit wie wegen ihrer Tugend und Frömmigkeit. 1521 heiratete sie Ascanio Colonna, und nachdem sie ihm sechs Kinder geboren hatte, trennte sie sich von ihm und zog sich auf Ischia zurück, von wo aus sie Verbindung zu den religiösen Zirkeln um den spanischen Reformator Valdés in Neapel aufnahm. Lange versuchte ihr Gemahl, sie zur Rückkehr zu bewegen, und schaltete sogar Ignatius von Loyola ein, der verschiedene Jesuitenpatres zu ihr schickte, aber immer ohne Erfolg. Nachdem Giovanna d' Aragona ehrenvoll ihre erste Ehepflicht erfüllt, das heißt ihrem Gemahl sechs Kinder geschenkt und damit den Fortbestand der Familie gesichert hatte, löste sie ihre Ehe zwar nicht auf, weihte sich aber einer freiwilligen Keuschheit, die nur eine einzige Liebe zuließ, die Liebe zu Gott. Als der *Tempio* von Ruscelli 1555 erschien, hatte die Adlige aus königlichem Geblüt das reife Alter von dreiundfünfzig Jahren erreicht. Besingen konnte man also nur noch ihre vergangene, mythische Schönheit, verbunden mit Tugend und einer glühenden Religiosität. Die Petrarca entnommene Phraseologie wird in diesen Versen zerstückelt, um sie dem neuen Thema der Unmöglichkeit, «mit menschlichen Worten ein solches Wunder des höchsten Schöpfers zu beschreiben», anzupassen. Nachdem jeder Hinweis auf die Liebe getilgt war, löste sich das physische Aussehen der Dame in eine verschwommene und nicht mehr greifbare Schönheit auf, und sie selbst wurde zum abstrakten Begriff der Tugend. Das Sonett Della Casas bezeichnet in dieser Sammlung den Übergang zu einem neuen Ritual, dessen Kennzeichen die Absage an die ideale Liebe nach dem Muster Petrarcas war.

Nach Kardinal Ranuccio bat auch Girolamo da Correggio, ein Höfling Kardinal Alessandros, zu unbestimmter Zeit Della Casa um ein ähnliches Sonett. Obwohl die beiden sich gut kannten, zögerte Della Casa diesmal gar nicht erst, sondern beantwortete die Bitte gleich mit dem Verdikt «Fuggite Amor» – flieht Amor! –, womit er das ganze Ritual und alle damit zusammenhängende Liebeserfahrung verdammte und deren Ende deklarierte. Die Leidenschaft der Liebe, der Petrarcas *Canzoniere* den Weg gebahnt hatte, war ihm seit jeher fremd gewesen, weshalb es ihm nicht schwerfiel, zusammen mit der Liebe auch die rhetorische Fiktion, der er angehangen hatte, in den Orkus zu befördern. Es ist ein Paradox der ganzen Geschichte, daß diese Leidenschaft dagegen von einem anderen hohen Prälaten wie Alessandro Farnese erfahren wurde, obgleich auf dem Liebesverhältnis ein doppeltes Keuschheitsgebot lastete – das des Geistlichen und das der Witwe.

Auch später, als er sich 1564 zum Priester weihen ließ, um seine Kandidatur auf den Papstthron vorzubereiten, vergaß Alessandro Farnese seine jugendlichen Liebeserfahrungen nicht. Zwischen 1560 und 1566 ließ er von Taddeo Zuccari einen Saal in seinem Sommerpalast in Caprarola mit Fresken ausschmücken, die seinen und den Ruhm seiner Familie feierten. Auf diesen Fresken reservierte er einen Platz auch für die beiden Frauen, die er in seiner Jugend verehrt und geliebt hatte. In der Tat schreibt Vasari, daß auf dem Feld, das der Hochzeit Ottavio Farneses mit Margarethe von Österreich gewidmet ist (Tafel 8), die römischen Damen abgebildet seien, die zu jener Zeit wegen ihrer Schönheit berühmt waren, darunter auch Faustina Mancini und Livia Colonna. Doch sorgte der Kardinal dafür, daß man Livia Colonna nicht wiedererkannte, denn keine der Damen trägt ein Witwengewand.

Obgleich nur sporadisch und gelegentlich, führte die Geschichte des petrakistischen Rituals zu einer Vereinigung der Leidenschaft der Liebe, Petrarcas großer Erfindung, mit der Sexualität. Die Verehrung der idealen Frau fachte die Passion an, welche schließlich ganz natürlich in den sexuellen Verkehr einmündete. Dieser Prozeß, der die alte Trennung zwischen der auf die käufliche Liebe beschränkten sexuellen Lust und der als abstraktem Ideal verstandenen Leidenschaft allmählich überwand, wurde jedoch um die Mitte des 16. Jahrhunderts durch einen äußeren Faktor unterbrochen, nämlich durch die Repression, welche die Kirche der Gegenreformation ausübte. Es sollte viel Zeit vergehen, bis dieser Prozeß wieder in Gang kam. Erst um 1800 fanden die beiden streng getrennten Sphären von Leidenschaft und Sexualität wieder zueinander in der romantischen Liebe, die Friedrich Schlegel in seinem philosophischen Roman *Lucinde* propagierte. Diese romantische Liebe ging jedoch mit einer Aufwertung der Ehe einher, in deren Rahmen die Leidenschaft der Liebe ihren Platz finden sollte. Der italienischen Renaissance war dagegen die Idee einer Verbindung von Leidenschaft und Sexualität in der Ehe völlig fremd gewesen. Damals war ein kühnerer Weg eingeschlagen worden, die mit der Sexualität verbundene Liebe und Leidenschaft war außerhalb der Ehe realisiert worden. Wie auf vielen anderen Gebieten nahm die italienische Renaissance auch in diesem Fall spätere Zeiten vorweg, wurde dabei aber bald aufgehalten. Es gelang nicht, die freie Liebe, wie sie in einigen elitären Kreisen praktiziert worden war, auch in die allgemeinen Lebensformen zu integrieren. Das von der gegenreformatorischen Kirche durchgesetzte Gebot der sakramentalen Ehe, in der nach alter kirchlicher Lehre die Sexualität allein der Fortpflanzung zu dienen hatte, schob der Liebe und der Leidenschaft, auch in ihrer idealisierten Form, endgültig einen Riegel vor. Dieses Gebot betraf alle Schichten der Gesellschaft, die höheren nicht ausgenommen.

Petrarcas angstvolle Frage, ob die Leidenschaft der Liebe erlaubt sei, selbst wenn sie sich nur in der Form der Poesie ausdrückte, erhielt von der Kirche der Gegenreformation erneut eine negative Antwort. Daß jede Form außerehelicher Sexualität streng untersagt blieb, versteht sich von selbst.

Quellen- und Literaturhinweise

Abgekürzt zitierte Literatur

P. Bembo, *Lettere* Pietro Bembo, *Lettere,* edizione critica a cura di E. Travi, I (1492–1507), Bologna 1987; II (1508–1528), ibid. 1990; III (1529–1536), ibid. 1992; IV (1537–1546), ibid. 1993

A. Caro, *Lettere* Annibal Caro, *Lettere familiari,* hrsg. von A. Greco, I, Florenz 1957

DBI *Dizionario biografico degli Italiani*

N. Giannetto, *Bernardo Bembo* N. Giannetto, *Bernardo Bembo umanista e politico veneziano*, Florenz 1985

J. B. Trapp, *Petrarch's Laura* J. B. Trapp, *Petrarch's Laura: the portraiture of an imaginery beloved*, in: *Journal of the Warburg and Courtauld Institutes,* LXIV, 2001, S. 55–192

G. Vasari, *Le vite* Giorgio Vasari, *Le vite dei più eccellenti pittori, scultori e architetti*, hrsg. von L. und C. L. Ragghianti, II, Mailand 1973; III, ibid. 1976; IV, ibid. 1978

C. Vecce, *Leonardo* C. Vecce, *Leonardo,* Rom 1998

I. Walter, *Der Prächtige* I. Walter, *Der Prächtige. Lorenzo de' Medici und seine Zeit*, 3. durchgesehene Auflage, München 2005

1. Petrarcas Laura

Die angeführten Werke und Briefe Petrarcas wurden in folgenden Ausgaben benutzt:

Canzoniere, edizione commentata a cura di M. Santagata, Mailand 1996 (den italienischen Originaltext mit gegenüberstehender deutscher Übersetzung im Versmaß bietet die Ausgabe: Francesco Petrarca, *Canzoniere, Triumphe, Verstreute Gedichte,* aus dem Italienischen von K. Förster und H. Grote, Düsseldorf/Zürich 2002)

Secretum. Il mio segreto, hrsg. von E. Fenzi, Mailand 1992
Brief an den Bruder Gherardo (*Rerum familiarum libri*, X,3) in Francesco Petrarca, *Epistole*, hrsg. von U. Dotti, Turin 1978, S. 259–287
Brief an Giacomo Colonna (*Rerum familiarum libri,* II, 9), *ibid.*, S. 92–107 (bes. S. 100 f.)
Brief an Luca Cristiani (*Rerum familiarum libri*, VIII, 3), *ibid.*, S. 196–204 (bes. S. 202 f.)
Brief an Luigi Marsili (*Rerum senilium libri*, XV, 7), *ibid.*, S. 836 f.
Brief an die Nachwelt (*Posteritati*), *ibid.*, S. 870–887
Nachruf auf Laura, in: P. de Nolhac, Pétrarque et l'humanisme, 2. Aufl., Paris 1907, S. 286 f.
Versepistel an Giacomo Colonna (*Epystolae*, I, 6), in: Francesco Petrarca, *Rime, Trionfi e poesie latine*, hrsg. von F. Neri, G. Martellotti, E. Bianchi, N. Sapegno, Mailand/Neapel 1951, S. 727–739
Versepistel an Lello Tosetti (*Epystolae*, I, 8), *ibid.*, S. 741–743.
Das Testament ist gedruckt in *Opere latine*, hrsg. von A. Bufano, Turin 1975, II, S. 1342–1356.

Der Text der beiden Sonette über das Bildnis Lauras (gefolgt von einer wörtlichen Übersetzung) lautet:

Canzoniere, Nr. 77
«Per mirar Policleto a prova fiso
con gli altri ch' ebber fama di quell' arte
mill'anni, non vedrian la minor parte
de la beltà che m' ave il cor conquiso.

Ma certo il mio Simon fu in paradiso
onde questa gentil donna si parte:
ivi la vide, e la ritrasse in carte
per far fede qua giù del suo bel viso.

L'opra fu ben di quelle che nel cielo
si ponno imaginar, non qui tra noi,
ove le membra fanno a l' alma velo.

Cortesia fe'; né la potea far poi
che fu disceso a provar caldo et gielo,
et del mortal sentiron gli occhi suoi.»

(Auch wenn Polyklet im Wettstreit mit den anderen, die Ruhm in der Kunst besaßen, tausend Jahre schauten, so würden sie doch nur den kleinsten Teil der Schönheit sehen, die mein Herz erobert hat. Mein Simon war gewiß im Paradies, aus dem diese edle Frau kommt. Dort sah er sie und malte ihr Abbild auf Pergament, um hier unten ihr schönes Antlitz zu bezeugen. Das Werk war wirklich eines von denen, die man sich im Himmel vorstellen kann und nicht hier unter uns, wo die Glieder die Seele verhüllen. Er (Simon) machte ein Geschenk; auch konnte er sie nicht malen, nachdem er heruntergestiegen war, um Hitze und Kälte zu fühlen, und wo seine Augen an der Sterblichkeit teilhatten.)

Canzoniere, Nr. 78
«Quand giunse a Simon l' alto concetto
ch' a mio nome gli pose in man lo stile,
s' avesse dato a l'opera gentile
colla figura voce ed intellecto,

di sospir' molti mi sgombrava il petto,
che ciò ch'altri à più caro, a me fan vile:
però che 'n vista ella si mostra humile
promettendomi pace ne l' aspetto.

Ma poi ch' i' vengo a ragionar co 'llei,
benignamente assai par che m'ascolte,
se risponder savesse a' detti miei.

Pigmalïon, quanto lodar ti dêi
de l'imagine tua, se mille volte
n' avesti quel ch'i' sol una vorrei.»

(Als Simon die hohe Eingebung kam, die ihm in meinem Namen den Pinsel in die Hand legte, hätte er dann dem edlen Werk zusammen mit der Gestalt auch Stimme und Verstand gegeben, so hätte er meine Brust von vielen Seufzern befreit, die mich verachten lassen, was andere hochschätzen. Denn dem Anblick nach scheint sie demütig, und ihr Aussehen verspricht mir Frieden. Aber wenn ich komme, um mit ihr zu reden, scheint sie mich sehr huldvoll anzuhören – könnte sie doch auf meine Worte antworten! Pygmalion, wie sehr mußt du dich deines Bildes wegen loben, wenn du tausendmal das erhieltest, was ich nur ein einziges Mal begehre.)

Boccaccios Meinung über Laura ist nachzulesen in: Giovanni Boccaccio, *De vita et moribus Domini Francisci Petracchi de Florentia*, in: *Tutte le opere di Giovanni Boccaccio*, hrsg. von V. Branca, V, 1, Mailand 1992, S. 898–911 (bes. S. 908 f.).

Zu Leben und Werk Petrarcas:
E. H. Wilkins, *The Life of Petrarch*, Chicago 1961; heranzuziehen ist jetzt aber auch die neue italienische Ausgabe dieses Standardwerks: *Vita del Petrarca*, nuova edizione a cura di L. C. Rossi, Mailand 2003; U. Dotti, *Vita del Petrarca*, Rom/Bari 1992. In deutscher Sprache liegt jetzt die große Monographie von Karlheinz Stierle vor: *Francesco Petrarca. Ein Intellektueller im Europa des 14. Jahrhunderts*, München 2004 (zum Laura-Mythos S. 478 ff.). Hier (S. 939–943) sind alle Ausgaben und die deutschen Übersetzungen von Petrarcas Werken sowie die neueste Forschungsliteratur (S. 944–962) verzeichnet.

Zur Vergil-Handschrift Petrarcas:
G. C. Alessio, G. Billanovich, V. de Angelis, *L' alba del Petrarca filologo. Il Virgilio Ambrosiano*, in: *Studi Petrarcheschi*, N. S. II, 1985, S. 15 ff. (über den Nachruf auf Laura S. 49).

Zum Bildnis der Laura:
In der erschöpfenden Studie von J. B. Trapp, *Petrarch's Laura*, wird die Frage nach der realen Existenz von Laura und ihrem Bildnis noch einmal aufgeworfen und unter Heranziehung der einschlägigen Stellen in Petrarcas Werk und anderer, auch späterer Zeugnisse entschieden verneint.

Zur Kunstauffassung Petrarcas:
E. H. Wilkins, *On Petrarch's Appreciation of Art*, in: *Studies on Petrarch and Boccaccio*, Padua 1978, pp. 198–200, sowie ausführlich M. Bettini, *Tra Plinio e sant'Agostino: Francesco Petrarca sulle arti figurative*, in: *Memoria dell' antico nell' arte italiana*, hrsg. von S. Settis, Turin 1984, S. 221–267; über die Einwirkung platonischer Vorstellungen auf die Kunsttheorie des Mittelalters und der Renaissance: E. Panofski, *Idea. Ein Beitrag zur Begriffsgeschichte der älteren Kunsttheorie*, 2. verbesserte Auflage, Berlin 1960, bes. S. 17 ff. (Augustinus) und S. 31 (Petrarca). Auf die mögliche Verschiebung vom «literarischen» zum «künstlerischen» Bildnis hat W. Hirdt hingewiesen: *Sul Sonetto del Petrarca «Per mirar Policleto a prova fiso»*, in: *Miscellanea di studi in onore di Vittore Branca*, I, *Dal Medioevo al Petrarca*, Florenz 1983, S. 435–447.

2. Lorenzo de' Medici und Lucrezia Donati

Zu Petrarcas Besuch in Florenz und der Einladung, sich hier niederzulassen, siehe Wilkins, *Vita*, zit., S. 113–116, 120–124; zur Abschrift Boccaccios (heute in der Bibliotheca Apostolica Vaticana, Chigi L.V. 176) vgl. Santagata, in: Francesco Petrarca, *Canzoniere*, S. CLXXXVIII; die Handschrift aus dem Besitz Coluccio Salutatis ist beschrieben in: *Mostra di Codici petrarcheschi laurenziani, Firenze maggio-ottobre* 1974, Florenz 1974, Nr. 50, S. 45.

Das Inventar von Cosimo de' Medicis Bibliothek aus dem Jahr 1418 publiziert F. Pintor, *Per la storia della libraria medicea nel Rinascimento. Appunti d' archivio*, in: *Italia medioevale e umanistica,* Serie II, III, 1960, S. 199 («Sonetti di Messer Francesco»); jenes der Bibliothek Pieros (1463/64) E. Müntz, *Les collections des Médicis au XVe siècle*, Paris 1888, S. 49; den «Canzonieri sposto dal Filelfo» erwähnt eine Liste von Büchern, die an Giovanni de' Medici, Pieros Bruder, geschickt wurden; vgl. V. Rossi, *L'indole e gli studi di Giovanni di Cosimo de' Medici. Notizie e documenti,* in: *Rendiconti della R. Accademia dei Lincei, Classe di scienze morali,* Serie V, II, 1893, S. 58. Beide Handschriften erscheinen auch im 1492 aufgestellten Inventar der im Haus Medici befindlichen Gegenstände zusammen mit zwei weiteren Petrarca-Handschriften, darunter die von Lorenzo de' Medici um 1475 in Auftrag gegebene Prunkhandschrift aus der Werkstatt Francesco d'Antonio del Chiericos. Vgl. hierzu *Libro d' inventario dei beni di Lorenzo il Magnifico,* hrsg. von M. Spallanzani und G. Gaeta Bertelà, Florenz 1992, S. 49 f.

Zur Petrarca-Rezeption im 15. Jahrhundert in Italien, insbesondere zu den Canzoniere-Kommentaren, siehe C. Dionisotti, *Fortuna del Petrarca nel Quattrocento*, in: *Italia medievale e umanistica,* XVII, 1974, pp. 70–89 (über Filelfos 1476 erstmals gedruckten Kommentar S. 78–88); Filelfos Anmerkung zitiert J. B. Trapp, *Petrarch's Laura,* S. 100, Anm. 128; hier S. 62, Anm. 23, auch die Aufzeichnungen von Luigi Peruzzi; zum Fresko auf der Domfassade und die sich darum spinnenden Legenden *ibid.*, S. 102 f.

Über die *armeggeria* zu Ehren von Marietta Strozzi zuletzt N. Carew-Reid, *Les fêtes florentines au temps de Lorenzo il Magnifico*, Florenz 1993, S. 101–195; den gesellschaftlich politischen Charakter dieser Veranstaltungen hebt R. C. Trexler hervor: *Public Life in Renaissance Florence,* New York etc. 1980, S. 230 f. Daß Desidero da Settignano eine Marmorbüste von Marietta Strozzi angefertigt habe, schreibt Vasari in der Vita des Künstlers (*Le vite*, II, S. 303). Sie wird gewöhnlich mit der Berliner Büste identifiziert.

Zur Lucrezia-Donati-Affäre sowie zum Turnier Lorenzos siehe I. Walter, *Der Prächtige,* S. 72–80 bzw. S. 87–93 (die betreffenden Quellen und Literatur S. 304–306); bei den von Martelli zitierten Versen handelt es sich um die Verse 37–39 der Sestine «*Fuggo i bei raggi del mio amore*», in: Lorenzo de' Medici, *Canzoniere*, in: *Opere*, hrsg. von T. Zanato, Turin 1992, Nr. XVI, S. 32–34; vom Bildnis handeln im *Canzoniere* die Sonette Nr. IX und Nr. XLIX, ibid., S. 23 f. und S. 87.

Das Verzeichnis der unbezahlten Werke Verrocchios findet sich in: D. A. Covi, *Andrea del Verrocchio. Life and Work*, Florenz 2005, S. 287, Dok. Nr. 28.

3. Bernardo Bembo und Ginevra Benci

Zu Bernardo Bembo: N. Giannetto, *Bernardo Bembo, umanista e politico veneziano*, Florenz 1985; über seinen Aufenthalt in Florenz im einzelnen S. 131–152. In Giannettos gelehrter und erschöpfender Biographie ist die ältere Literatur verarbeitet; sie wird hier nur in einigen Fällen eigens zitiert.

Zum Turnier Giuliano de' Medicis siehe I. Walter, *Der Prächtige*, S. 120–141 (Quellen und Literatur S. 308 f.); Lorenzo de' Medici über das Begräbnis der Simonetta im *Comento de' miei sonetti*, in: *Tutte le opere,* hrsg. von P. Orvieto, Rom 1992, I, S. 375 f.; der Vers lautet im Original: «Morte bella parea nel suo bel viso» (Francesco Petrarca, *Triumphus mortis,* I, v. 172). Von der Bitte Giuliano de' Medicis um das Bildnis Simonettas ist in einem Brief Piero Vespuccis an Lucrezia Tornabuoni vom 12. 1. 1480 die Rede, auszugsweise publiziert in: R. Farina, *Simonetta. Una donna alla corte dei Medici*, Turin 2001, S. 33; hier S. 100 auch der erwähnte Agentenbericht.

E. Möller, *Leonardos Bildnis der Ginevra Benci*, in: *Münchner Jahrbuch der Bildenden Kunst*, N. F., 1937/38, Band XII, S. 196–203, hat als erster das Leben der Ginevra Benci auf einer soliden Quellenbasis rekonstruiert; die zitierte Anekdote findet sich in: Angelo Poliziano, *Detti piacevoli*, hrsg. von T. Zanato, Rom 1983, Nr. 323, S. 99.

Über Bembos Freundschaft mit Augurelli und den Besuch in Arquà vgl. Giannetto, *Bernardo Bembo*, S. 130 f.; über Bembos Besuch in Avignon und sein Laura-Bild ibid., S. 127 f. und Anm. 101. Vgl. auch Trapp, *Petrarch's Laura,* S. 103–105.

Die lateinischen Gedichte zu Ehren der Liebe Bernardo Bembos zu Ginevra Benci sind zusammen mit einer englischen Übersetzung zusammengestellt in: J. Walker, *Ginevra de' Benci by Leonardo da Vinci*, in: *National Gallery of Art.*

Report and Studies in the History of Art, 1967, Washington, D. C., S. 28–37. Vgl. aber auch folgende kritische Ausgaben: Cristofori Landini *Carmina omnia,* hrsg. von A. Perosa, Florenz 1939, S. 159–172; Alessandro Braccesi, *Carmina*, hrsg. von A. Perosa, Florenz 1943, S. 72–77; Naldo Naldi, *Epigrammaton liber*, hrsg. von A. Perosa, Budapest 1943, S. 6 f., 10–16, 34, 39.

Über die Bedeutung von Landinos Petrarca-Vorlesungen vgl. G. Tanturli, *Proposta e risposta. La prolusione petrarchesca del Landino e il codice cavalcantiano di Antonio Manetti*, in: *Rinascimento*, N. S., 32, 1992, S. 213–225.

Zu den Handschriften von Ficino und Landino in Bembos Besitz siehe Giannetto, *Bernardo Bembo*, S. 332 f. bzw. 335 f.

Zum Veilchenmotiv: D. De Robertis, *Le violette sul seno della fanciulla*, in: *Forme e vicende, per Giovanni Pozzi*, hrsg. von O. Besomi, G. Gianella, A. Martini, G. Pedrojetta, Padua 1988, S. 75–99. In diesen Kontext gehört zweifellos auch Verrocchios berühmte Marmorbüste des Mädchens mit dem Blumensträußchen. Es ist zuweilen gemutmaßt worden, daß sie Ginevra Benci darstellt, aber kein einziges zeitgenössisches Dokument belegt die Entstehung der Skulptur oder die Identität der Dargestellten. Vgl. A. Covi, *Andrea del Verrocchio,* cit., S. 135–38.

Der erwähnte Brief aus Rom findet sich in Walker, *Ginevra de' Benci*, cit., S. 24 f. Zum Bildnis Leonardos siehe außer den beiden schon zitierten Studien von Möller und Walker den Aufsatz von J. Fletcher, *Bernardo Bembo and Leonardo's portrait of Ginevra de' Benci*, in: *Burlington Magazine*, CXXXI, 1041, Dez. 1989, S. 811–816. Fletcher räumt die letzten Zweifel über die Kommittenz Bernardo Bembos aus, indem sie das Emblem auf der Rückseite des Porträts eindeutig als Bembo zugehörig bestimmt. Die Aufsätze von Möller, Walker und Fletcher, deren Argumenten hier nicht immer gefolgt wird, enthalten auch viele Hinweise zur Geschichte des Gemäldes. Eine weitere Restaurierung im Jahre 1992 hat in dieser Hinsicht nichts wesentlich Neues ergeben. Vgl. E. Gibson, *Leonardo's Ginevra de' Benci. The restoration of a Renaissance masterpiece,* in: *Apollo,* 133, March 1991, S. 161–165, sowie D. Bull, *Two Portraits by Leonardo: Ginevra de' Benci and the Lady with an Ermine*, in: *Artibus et historiae. An art anthology,* 25, 1992, S. 67–76.

Die Leonardos Bildnis von Ginevra Benci betreffenden Stellen von Antonio Billi und dem sogenannten «Anonimo Gaddiano» publiziert Vecce, *Leonardo,* S. 359 und 361.

Die Sonette an Ginevra Benci sind publiziert in: Lorenzo de' Medici, *Tutte le opere*, hrsg. von P. Orvieto, cit., II, S. 1099 f. Zur Bitte Isabella d'Estes zur Überlassung von Porträts von Dante, Petrarca und Boccaccio vgl. Giannetto, *Bernardo Bembo*, S. 235.

4. Ludovico Sforza und Cecilia Gallerani.

Der Brief an Piero Alamanni vom 11. März 1487 ist gedruckt in: Lorenzo de' Medici, *Lettere*, X (1486–1487), hrsg. von M. M. Bullard, Florenz 2003, Nr. 927, S. 152–159 (bes. S. 157 f. und Anm. 13–16).

Über die Besuche der Sforza in Florenz vgl. I. Walter, *Der Prächtige*, S. 18–21, 64, 112–115, 181.

Die Nachricht über Leonardos Reise im Auftrag Lorenzo de' Medicis bringt als erster der «Anonimo Gaddiano»; von der seltsamen Form der Lyra und dem musikalischen Wettbewerb berichtet Vasari. Diese Quellentexte zum Leben Leonardos sind wie auch die *Vita* von Paolo Giovio zusammengestellt in Vecce, *Leonardo*, S. 349–379; die angeführten Stellen S. 357 (Giovio), 360 (Anonimo Gaddiano), 370 (Vasari). Hierzu und zum Auftrag für die *Madonna delle Rocce* ibid., S. 72–79 bzw. S. 80–83. Das Briefkonzept an Ludovico Sforza ist gedruckt in: Leonardo da Vinci, *Scritti scelti*, hrsg. von A. M. Brizio, Turin 1952, S. 631–633; deutsche Übersetzung in: *Leonardo da Vinci. Der Denker, Forscher und Poet*, hrsg. und übersetzt von M. Herzfeld, 3. umgearbeitete Auflage, Jena 1911, S. 198–200.

Über Bernardo Bellincioni vgl. den Artikel von R. Scrivano in: *DBI*, VII, Rom 1965, S. 687–689; eine moderne Ausgabe seiner Gedichte besorgte P. Fanfani: *Le rime di Bernardo Bellincioni, riscontrate sui manoscritti*, Bologna 1876 (*Festa del Paradiso* S. 208–220; Leonardo als neuer Apelles, S. 26). Hier der Text des Sonetts über das Bildnis Leonardos (Nr. XLV, S. 72):

«Sopra il ritratto di Madonna Cecilia qual fece Leonardo da Vinci.

Di che t' adiri, a chi invidia hai, Natura?
Al Vinci che ha ritratto una tua stella;
Cecilia sì bellissima oggi è quella
che a' suoi begli occhi el sol par omba oscura.

L' honor è tuo, se ben con sua pittura
la fa che par che ascolti e non favella.
Penso quanto sarà più viva e bella
Più a te fia gloria in ogni età futura.

Ringratiar dunque Ludovico or puoi
Et l' ingegno e la man di Leonardo,
che a' posteri di lei voglion far parte

Chi lei vedrà così, benchè sia tardi
Vederla viva, dirà: basti ad noi
Comprender or quel che è natura ed arte.»

(Worüber zürnst du, wen beneidest du, Natur? Den Vinci, der einen Stern von dir abgebildet hat. Heute ist Cecilia so außerordentlich schön, daß gegenüber ihren strahlenden Augen die Sonne ein dunkler Schatten scheint. Die Ehre gebührt dir, auch wenn er sie mit seiner Malerei so gemacht hat, daß sie zuzuhören scheint, aber nicht spricht. Ich denke, je lebendiger und schöner sie sein wird, desto mehr Ehre wird dir in allen künftigen Zeiten entstehen. Ludovico und dem Talent und der Hand Leonardos kannst du jetzt danken, welche die Nachwelt an ihr (Cecilia) teilhaben lassen wollen. Wer sie so sehen wird, auch wenn es zu spät ist, um sie lebend zu sehen, wird sagen: Uns soll es reichen, um jetzt zu verstehen, was Natur und was Kunst ist.)

Über das Paradiesfest vgl. Vecce, *Leonardo*, S. 117–119.

Über die Geschichte des Bildnisses von Cecilia Gallerani und seine Restaurierungen vgl. die Beiträge von Z. Zygulski jr., J. Walek, P. C. Marani und D. Bull in: *Leonardo. La dama con l'ermellino,* hrsg. von B. Fabjan und P. C. Marani, Mailand 1998, S. 13–29, 76–82, 83–90.

Über die Umstände der Verleihung des Hermelinordens an Ludovico Sforza im Herbst 1486 vgl. R. Agata, *L' investitura di Lodovico il Moro dell' ordine dell' Armellino,* in: *Archivio storico lombardo,* 103, 1977, S. 346–358. Zur falschen Datierung auf das Jahr 1488 vgl. Marani, in: *Leonardo. La dama con l'ermellino,* cit., S. 38 und S. 47, Anm. 34. Francesco Tancios Bemerkung findet sich in: *Le rime di Bernardo Bellincioni*, cit., S. 3.

Der Briefwechsel zwischen Isabella d'Este und Cecilia Gallerani ist abgedruckt in: F. Malaguzzi Valeri, *La corte di Ludovico il Moro,* I, *La vita privata e l'arte a Milano nella seconda metà del Quattrocento*, Mailand 1915, S. 471; hier, S. 465–471, auch die Nachrichten über Cecilias Anwesenheit am Hof (S. 400, Abb. 485, zeigt eine Porträtzeichnung des kleinen Cesare). Die Cecilia Gallerani und ihre Heirat betreffenden Dokumente sind publiziert in: J. Shell/G. Sironi, *Cecilia Gallerani: Leonardo's Lady with an Ermine*, in: *Artibus et historiae. An art anthology*, 25, 1992, S. 58–63. In italienischer Übersetzung, aber ohne die Dokumente ist der Aufsatz von J. Shell auch in dem zitierten Band *Leonardo. La dama con l' ermellino*, S. 50–65, wiederabgedruckt.

5. Maria Savorgnan und Pietro Bembo

Alle Daten über die Jugend Pietro Bembos und seine literarische Berufung finden sich in: N. Giannetto, *Bernardo Bembo* , S. 118 f., 141 ff., 145 ff., 166 ff., 213 ff., 230, 235. Die Briefe Maria Savorgnans mit ihren Gedichten sind in einem Codex der Biblioteca Apostolica Vaticana überliefert (*Vat. Lat.* 14189) und fanden im vorigen Jahrhundert Beachtung in der Bembo-Forschung. Carlo Dionisotti, einer der bekanntesten Spezialisten auf diesem Gebiet, publizierte den Briefwechsel: Maria Savorgnan – Pietro Bembo, *Carteggio d'amore (1500–1501)*, hrsg. von C. Dionisotti, Florenz 1950. Grundlegend für das Studium des Briefwechsels ist neben der Einleitung Dionisottis der Aufsatz von E. Quaglio, *Intorno a Maria Savorgnan*, in: *Quaderni utinensi*, III, 5–6, 1985, S. 103–118; IV, 7–8, 1986, S. 77–101. Siehe aber auch P. Pancrazi, *Nel giardino di Candido*, Florenz 1950, S. 117–126; M. Pozzi, *Ai confini della letteratura*, Alessandria 1998, S. 206–218. Trotz der Kenntnis des Vor- und Familiennamens der Briefschreiberin konnten weder Dionisotti noch die anderen, die sich mit dem Briefwechsel befaßten, deren historische Identität bestimmen. Diesbezüglich siehe jetzt R. Zapperi, *Chi era Maria Savorgnan?*, in: *Studi veneziani*, N. S. XLIX, 2005, S. 281–283. Bembos Briefe an Girolamo Savorgnan sind gedruckt in: P. Bembo, *Lettere*, I–IV , ad indices. Die Novellen des *Decamerone,* in denen eine Frau die Initiative ergreift, sind folgende: II, 7; III, 3; IV, 6 e 10; VII, 6 e 9; VIII, 7. In der ersten und in der letzten Novelle handelt es sich um eine Witwe. Zur Ehebruchsaffäre des Francesco Bembo siehe G. Ruggiero, *The Boundaries of Eros. Sex, Crime and Sexuality in Renaissance Venice*, Oxford 1985, S. 67 f. Viele Informationen über die Familie Savorgnan finden sich in: L. Casella, *I Savorgnan. La famiglia e le opportunità del potere*, Rom 2003, ad indicem. Die zwei Sonette Bembos über das Bildnis finden sich in: P. Bembo, *Prose e rime*, hrsg. von C. Dionisotti, Turin 1960, S. 521 f. Vasaris Hinweis auf das Bildnis in: *Le vite*, II, S. 349. Zur Biographie Pietro Bembos siehe C. Dionisotti, in: *DBI*, 8, Rom 1966, S. 133–151. Was die Liebe zu Lucrezia Borgia anbetrifft, sind die von N. Rubinstein, *Lucrezia Borgia*, Rom 1971, S. 24, zu Recht geäußerten Vorbehalte präsent zu halten.

6. Ippolito de' Medici und Giulia Gonzaga

Viele Informationen über Ippolito de' Medici finden sich im Buch von B. Amante, *Giulia Gonzaga contessa di Fondi*, Bologna 1896, S. 84–96, und im Aufsatz von G. E. Moretti, *Il cardinale Ippolito de' Medici dal trattato di Barcellona alla morte (1529–1535)*, in: *Archivio storico italiano*, XCVIII, 1940, S. 137–178; andere Nachrichten finden sich in folgenden Werken verstreut: S. Ammirato, *Opuscoli*,

III, Florenz 1640, S. 134–148; *Relazione di Antonio Soriano presentata ai 18 di luglio 1533,* in: *Relazioni degli ambasciatori veneti al Senato*, hrsg. von E. Alberi, S. II, III, Florenz 1846, S. 280–282; L. Fumi, *La legazione del cardinal Ippolito de' Medici nell' Umbria*, Perugia 1899, S. 109 ff.; M. Sanuto, *I Diari*, hrsg. von G. Berchet, N. Barozzi, M. Allegri, LVII, Venedig 1902, Sp. 108, 109, 111–112, 364, 440, 589; LXVIII, ibid. 1903, Sp. 36, 195; *Un pronostico di Pietro Aretino*, hrsg. von A. Luzio, Bergamo 1903, ad indicem; P. Giovio, *Opera*, I, *Epistolarum pars prior*, hrsg. von G. G. Ferrero, Rom 1956, S. 131 f., 161 f.; *Nunziature di Venezia*, I, (1533–1535), hrsg. von F. Gaeta, Roma 1958, S. 205, 231; *Epistolario di Bernardo Dovizi da Bibbiena*, hrsg. von G. L. Moncallero, II, Florenz 1965, S. 43, 45, 47; G. Vasari, *Le vite*, III–IV, ad indicem; P. Bembo, *Lettere*, I–III, ad indices; E. Weaver, *Inediti vaticani di Ippolito de' Medici*, in: *Filologia e critica*, IX, 1984, S. 122–135. M. Kurzel-Runtscheiner, *Töchter der Venus. Die Kurtisanen Roms im 16. Jahrhundert*, München 1995, S. 87–88 und 150; P. Aretino, *Lettere*, hrsg. von P. Procaccioli, I, S. 401–402; G. Scarabello, *Per una storia della prostituzione a Venezia tra il XIII e il XVII secolo*, in: *Studi veneziani*, N. S., XLVII, 2004, S. 63–64.

Über Giulia Gonzaga siehe den gut dokumentierten Lebensabriß von G. Dall' Olio in: *DBI*, 57, Rom 2001, S. 783–787. Zu den Stanzen von Molza und Porrino vgl. A. Caro, *Lettere*, I, S. 10, 54, 93, 97; B. Croce, *Gandolfo Porrino,* in: *Poeti e scrittori del pieno e del tardo Rinascimento*, I, Bari 1945, S. 290–301; G. Aquilecchia, *Di una commedia di Francesco Maria Molza in documenti inediti del 1532*, in: *Giornale storico della letteratura italiana*, CLXV, 1988, S. 45–49; S. Bianchi, *Un manoscritto autografo di rime di Francesco Maria Molza ed una piccola raccolta a stampa del 1538*, in: *Filologia e critica*, XVII, 1992, S. 73–87; F. Calitti, *Fra lirica e narrativa. Storia dell' ottava rima nel Rinascimento*, Florenz 2004, S. 120–140.

Zu den Bildnissen Giulia Gonzagas: *Delle poesie volgari e latine di Francesco Maria Molza*, hrsg. von P. Serassi, II, Bergamo 1750, S. 145, 147; *Il carteggio di Michelangelo*, hrsg. von G. Poggi, P. Barocchi und R. Ristori, III, Florenz 1973, S. 408–422; A. Caro, *Lettere,* I, Florenz 1957, S. 11, 54, 93, 97; B. Croce, *I ritratti di Giulia Gonzaga,* in: *Aneddoti di varia letteratura*, I, Bari 1953, S. 339–346; M. Hirst, *Sebastiano del Piombo*, Oxford 1981, S. 114–116, 154–155; R. Roggeri, *I ritratti di Giulia Gonzaga contessa di Fondi,* in: *Civiltà mantovana*, N. S. 1990, Nr. 28–29, S. 61–78; M. Hochmann, *Les desseins et les peintures de Fulvio Orsini et la collection Farnèse*, in: *Mélanges de l' Ecole française de Rome. Italie et Méditerranée*, 105, 1993, S. 54–57, 74; P. L. de Castris, in: *I Farnese. Arte e collezionismo*, hrsg. von L. Fornari Schianchi und N. Spinosa, Mailand 1995, S. 190–191; *Vittoria Colonna e Michelangelo*, hrsg. von P. Ragionieri, Florenz 2005, S. 109 f.

7. Alessandro Farnese und Faustina Mancini

Zur Ernennung Farneses zum Vizekanzler der Kirche vgl. G. van Gulik/C. Eubel, *Hierarchia catholica*, III, Münster 1923, p. 64, n. 5; M. Utili hat im Katalog der Ausstellung *Tiziano e il ritratto di Corte da Raffaello ai Carracci,* Neapel 2006, S. 152, sein Bildnis Tizian zugeschrieben. Viele Informationen über Faustina Mancini und den ihr gewidmeten Kult finden sich im biographischen Abriß von V. Gallo in: *DBI* (im Druck); die ihr gewidmeten Gedichte sind publiziert im zweiten Band der von D. Atanagi herausgegebenen Sammlung *De le rime di diversi nobili poeti toscani,* Venedig 1565; das von Giulio Clovio illuminierte Stundenbuch ist heute in der Pierpont Morgan Library in New York aufbewahrt (Ms. 69, c. 34v); zum Bildnis in der Sammlung von Giovio vgl. B. Fasola, *Per un nuovo catalogo della collezione gioviana*, in: AA.VV., *Il Rinascimento e la memoria*, Como 1985, S. 177, Anm. 237; zur Marmorbüste von «mastro Fantino» A. Caro, *Lettere*, I, S. 276, und A. Bertolotti, *Artisti bolognesi, ferraresi ed alcuni altri del già Stato pontificio in Roma nei secoli XV, XVI e XVII*, Bologna 1885, S. 25–26.

8. Alessandro Farnese und Livia Colonna

Zu Tizians *Bildnis eines Mädchens* siehe R. Zapperi, *Alessandro Farnese, Giovanni Della Casa and Titian's Danae in Naples,* in: *Journal of the Warburg and Courtauld Institutes*, 54, 1991, S. 159–171. Die Röntgenaufnahme des Bildnisses ist noch einmal publiziert worden von R. Zapperi, *Tiziano e i Farnese*, in: *Tiziano e il ritratto di Corte*, zit., S. 54. Das Sonett von Molza über die *Venus von Urbino* in: *Delle poesie latine e volgari di Francesco Maria Molza*, hrsg. von P. Serassi, I, Bergamo 1747, S. 27. Der Brief von Giovanni Battista Cervini vom 24. April 1546 ist gedruckt in: *Concilii Tridentini Epistularum*, pars prima, hrsg. von G. Buschbell, Friburgi Brisgoviae 1916, S. 891–892; der Brief von Contile an Marescotti in: *Il primo volume delle lettere di Luca Contile*, Venedig 1564, cc.48r–49v.

Über Livia Colonna vgl. G. L. Masetti Zannini, *Livia Colonna tra storia e lettere (1522–1554)*, in: *Studi offerti a Giovanni Incisa della Rocchetta*, in: *Miscellanea della Società romana di storia patria*, XXIII, 1973, pp. 293–321; die Handschrift mit den Gedichten anläßlich der Augenkrankheit (*Composizioni latine e volgari di diversi authori sovra gli occhi della illusstrissima Signora Livia Colonna)* ist bewahrt in der Biblioteca Apostolica Vaticana, *Barb. Lat.* 3693. Zum Verhältnis zwischen Alessandro Farnese und Livia Colonna vgl. A. Caro, *Lettere*, I, S. 266 f., 268, 288, 289, 307, 333; *Opere di monsignor Giovanni Della Casa*, V, Neapel 1733, S. 169;

Personenregister

Kursiv gedruckte Seitenzahlen verweisen auf Abbildungen.